백화점의 문화사

근대의 탄생과 욕망의 시공간

차례
Contents

만국박람회와 백화점

백화점은 도시의 상징물이다. 도시의 발전과 함께 등장하면서 오랜 역사성을 유지해 왔다. 여기에 다른 어떤 상업시설과도 비교할 수 없는 문화적 자부심이 있는 것이다.

피터 드러커Peter F. Drucker는 그의 저서 『단절의 시대』에서 "대도시는 19세기에 있어서 가장 중요한 성장 시장이었다. 그것은 발명에 자극을 주었고, 그 발명에 근거해서 발전하는 산업에 대해 커다란 시장을 제공하게 되었다. 이들 발명 중에는 가스등에서 발전한 조명과 지하철, 전차, 고가철도 등의 수송, 전화, 전신, 로마시대 이래 최초의 건축자재의 변혁인 고층 철골 빌딩의 건설, 신문, 게다가 백화점 등이 포함된다"고 하며 백화점을 하나의 발명품으로 취급하였다.

드러커가 지적한 것처럼 19세기 중반에 백화점이라는 '욕망의 환기 장치'가 발명된 이후, 사람들은 그 발명에 자극을 받아 더욱 커다란 소비 시장을 창조해 갔다. 그때마다 백화점은 혁신가요, 교육가로서 도시민을 계몽해가면서 도시의 상징물로 자리를 잡았다. 때로는 '사치의 민주화'로, 때로는 '소비의 전당'이나 '스펙터클 공간' '상업의 대가람大伽籃' 등 다양한 형용으로 치장하면서 백화점은 20세기 문화의 꽃으로 피어났던 것이다.

주물숭배성과 백화점의 탄생

백화점의 기원은 1852년 프랑스 파리에 설립된 봉마르셰 Au Bon Marche이다. 봉마르셰의 창업자는 부시코Aristide Bourcicaur로, 당시 파리의 상업계로서는 매우 획기적이라 할 수 있는 정찰판매를 도입한 것이 백화점 개설과 연결된다. 개설 초기의 봉마르셰 백화점은 내·외관이 극도로 화려하게 장식되어, 파리 어느 곳에 내놓아도 뒤지지 않는 호화 사교 살롱의 이미지를 갖추었다. 단지 상품만을 진열해 놓은 것이 아니라 엘리베이터와 전기조명 등 당시로서는 첨단의 설비를 갖추었고, 폐점 후에는 점내에서 무도회 및 음악교실, 회화교실 등을 개설하였다. 백화점 건물 내부에는 환상적인 판매시설뿐 아니라 도서실, 휴게실, 미술관이 설치되었는데, 이것은 당시 유행하던 살롱의 연장선상에서 배치된 공간이었다. 귀족이나 부르주

봉마르셰 신관개점
초기전경(1887)

아들이 성이나 저택을 일상적인 생활공간에서 연회나 토론의
장으로 바꾼 것이 살롱이라면, '봉마르셰'라는 백화점은 이들
살롱을 통해 사회적 역할이 커지고 과거의 풍습에서 해방된
여성의 욕망 분출구였다. 그러다 보니 봉마르셰는 자연스럽게
파리 최대 사교 살롱의 이미지도 갖추어, 파리인들 사이에서
베르사유 궁전에 버금가는 '소비의 궁전'으로 불렸다.

19세기 중반은 세계가 스펙터클한 시각적 대상으로 변화하
기 시작한 시기이다. 생산에서 소비로, 사용가치에서 교환가
치로 사고방식이 변화하면서 각각의 문화 체계가 대전환하는
시점이기도 했다. 이러한 와중에 사람들에게 시각적 효과를
안겨주는 광학 장치들이 대대적으로 개발되어 상업화되었다.
파노라마, 지오라마에서 영화로 이어지는 대중문화의 광학적
인 유행 현상에 눈을 뜬 사람은 바로 부시코였다. 여기에서 백
화점이 가지는 특성, 단지 상품으로서만이 아니라 건물 자체
의 매력 즉, 백화점이라는 이미지의 힘으로 소비자를 유혹하
려는 사고방식이 등장한다. 부시코가 세기의 유명한 건축가
에펠A. G. Eiffel에게 봉마르셰 신관의 건축을 의뢰한 것도 이와

같은 이유에서였다. 에펠은 철골과 유리를 사용해서 봉마르셰 내부에 크리스탈 홀을 조성하였다.

에펠의 크리스탈 홀은 고객들에게 파노라마나 지오라마와 같이 스펙터클한 효과를 주기 위한 목적으로 만들어진 것이었다. 높은 천장을 덮은 넓은 유리에서 잔잔하게 뿌려지는 양광은 점내에 진열되어 있는 다양한 상품 위에 흩어져 상품의 색채를 더욱 환하게 만들어 주었다. 지금이야 백화점에 다양한 조명이 뿌려지므로 이런 상황이 실감나지 않겠지만, 당시로서는 '사용가치에 의해 판정되던 상품'에서 '천상에서 내려온 환상적인 상품'으로 이미지가 변형된 하나의 큰 사건으로 이해하는 것이 좋겠다.

상황이 이렇다보면, 고객은 그곳이 상점이라는 사실을 잊어버린다. 박물관에 전시된 유물을 보는 것처럼 두근거리는 마음으로 상품을 보면서 점포 내를 어슬렁거리게 되는 것이다. 한편 부시코는 점포 내의 연출뿐만 아니라 점포의 외관도 쇼윈도로 장식해 고객의 발걸음을 멈추게 하였다. 쇼윈도를 통해 고객을 점포 안으로 유혹한 것이다. 백화점이 이른바 '장치산업'이라는 평가도 사실상 그 원류인 봉마르셰가 채용한 점내·외의 엄청난 투자로부터 야기되었다고 봐도 좋겠다.

봉마르셰의 등장에 환호한 사람들 가운데 에밀 졸라Emile Zola만큼 적극적인 사람도 없었다. 에밀 졸라는 19세기 문화의 중심도시인 파리를 논할 때 사진작가이자 문학가로서 여러 분야에 등장하는 인물인데, 그는 철저한 봉마르셰의 팬이었다.

그의 작품인 『부인들의 천국 *Au Bonheur des Dames*』을 보면, 19세기의 파리 문화 속에서 꽃피운 백화점 봉마르셰가 가진 화려함과 창업자 부시코가 시도한 소비자에 대한 욕망 환기용 마술에 대해 예찬을 하는 대목이 수없이 발견된다.

봉마르셰는 새로운 판매 방식으로서

에펠이 지은 크리스탈 홀 내부의 화려함
(1874)

'1)박리다매의 저마진·고회전 판매, 2)정찰판매, 3)고객이 자유롭게 출입 가능한 점포, 4)상품의 반품 자유'라는 항목을 채택했다. 이러한 판매 방식은 당시 유럽에서 매우 혁신적이었다. 한마디로 다양한 상품을 구성해 놓고, 경영적인 측면에서는 다수 상품을 부문별로 나누거나 부문 조직을 두어 매입·판매하는 근대식 대규모 백화점의 형성이었던 것이다. 봉마르셰의 혁신적인 판매 방식을 계기로 유럽과 미국에서는 같은 유형의 '백화점' 업체가 속속 등장하게 되었다. 백화점(프랑스에서는 '거대한 상점(grand magasin)'이라 칭함)이라는 소매업의 출현이 프랑스 파리에서 이루어진 것은, 19세기 후반 오스만Haussmann, G. E에 의해 진행되던 파리개조 프로젝트와 밀접한 관계가 있다. 새롭게 대형 도로를 건설하자 그 도로의 스케일에 걸맞은 새로운 상업공간들이 속속 등장하게 된 것이다. 1865년에는 쁘렝땅Au Printempus이, 1869년에는 사마리탄Au Samaritaine이 개점하였다.

봉마르세도 그렇지만, 프랑스에서 개점한 이들 백화점은 대부분이 양품점에서 변신했다는 특징을 갖고 있다. 프랑스 백화점의 발흥은 복식 산업의 공업화와 불가분의 관계에 있기 때문이다. 상대적으로 '해롯Harrods'을 비롯한 영국의 백화점들이 식료품점에서 출발한 것과는 대조적인 면을 보인다. 프랑스, 특히 파리가 일찍이 패션의 도시로 정착하게 된 것도 백화점의 발전과정에 연유한다. 이러한 관점에서 보면, 프랑스의 백화점은 기모노점(吳服店)에서 출발한 미츠코시, 다이마루, 다카시마야, 이세탄 등의 일본 백화점과 흡사한 변신과정을 겪었다고 할 수 있겠다.

파사쥬와 백화점

19세기 전반, 프랑스에 산업혁명이 진행되면서 기계에 의한 대량생산을 통해 대량의 염가 의류, 장식품이 시장에 등장하였다. 같은 시기에 파사쥬passage 혹은 갸르리galerie라고 불리는 아케이드가 대도시에 만들어졌다. 파사쥬는 19세기 전반의 도시를 상징하는 건조물 가운데 하나로, 보도에 연이어서 다양한 종류의 소형 양품점들이 들어서 있었다. 유리천장으로 덮인 파사쥬는 따스한 햇볕을 만끽하며 목적 없이도 어슬렁거

릴 수 있는 전천후 도시공간이었다. 때로는 눈과 비가 내리는 날씨에도 우산 없이 자유롭고 다양한 쇼핑을 할 수 있는 장소였다. 그곳은 '윈도우 쇼핑'이라는 새로운 간접소비 스타일을 사람들에게 침투시켰다.

대부분의 파사쥬는 19세기 후반 도시개조가 진행되면서 자취를 감추게 되는데, 파사쥬가 상업사에 끼친 의의는 매우 컸다. 도시인들은 파사쥬의 출현을 통해 새로운 소비형태를 체험하게 되었다. 즉, 파사쥬라는 아케이드 거리 안에 들어서 있는 다양한 양품점을 통해 도시인들은 상품의 범람을 체험하게 된 것이다. 결과론이긴 하지만, 백화점의 잠재적 고객층이 바로 이 시점에서 개척되었다고 할 수 있다. 이처럼 새로운 상업공간은 도시인들의 소비생활 확대에 호응하기 위한 목적으로 취급상품을 더욱 확대했는데, 그 과정에서 오스만의 도시개조계획에 편승하여 백화점으로 발전하게 된 것이다.

19세기 후반, 백화점의 출현은 철도와 파노라마관(오늘날의 영화관), 박람회와 함께 '파노라마 지각'으로 인식된다. 이들 철도와 파노라마관, 박람회의 공통점은 대상물인 '풍경'이나 '물건'과 인간 사이에 눈에 보이지 않는 경계, 즉 '보는 사람'과 '보이는 물건' 사이에 어느 정도의 거리가 발생한다는 것이다. 이 가운데서 본래의 범주에서 벗어난 물건을 한 장소에 전시해서 확대된 세계상을 인식시켜 주려는 시도가 '박람회'라고 한다면, 박람회보다 경제적인 논리에서 더 치밀하고 물건(상품)의 세계를 보다 대중화시킨 것이 '백화점'이라고 할 수 있다. 그래서 당시의 백화점은 무엇보다도 '다른 세계'를 체험할 수 있는 장소여야 했다. 봉마르셰가 채택한 다양한 시설은 이것을 상징하고 있다.

경제활동과 밀착한 근대 모드가 확립되었다는 개념은 유행이 끊임없이 바뀌면서 도시인들에게 '새로움'이라는 가치관 속에서 살아갈 것을 강요했다는 의미이다. 파리가 일찍부터 패션의 도시로 떠오른 것도, 알고 보면 '새로움'이라는 가치관을 제공한 백화점들의 노고였다. 아울러, 당시 백화점의 주요한 고객층이었던 중상류층 계급의 '보다 나은 생활' '지금보다 조금이라도 높은 계급'을 목표로 하는 상승지향은 근대모드의 원동력이 되었다. 이들이 바라는 바를 만족시켜 주어야 하는 백화점은 이들의 일상에서 벗어난 '다른 세계'여야만 했다.

결국 이들 주요 고객층은 그곳에 전시되어 있는 물건 중 대부분은 보기만 하고, 일부만을 구매함으로써 눈앞에 펼쳐지는 이미지의 세계 전체를 손에 넣을 수 있었다. 1970년대 프랑스의 사회학자 장 보드리야르가 지적한 이러한 소비사회의 메커니즘은 하루아침에 이루어진 것이 아니고, 이미 19세기에서부터 변하지 않고 계승되어 온 것이라 할 수 있다.

19세기에 백화점이 출현한 배경

최초의 백화점 봉마르셰의 등장 이후, 유럽에는 '백화점'이 급속히 확산되는 현상을 보였다. 프랑스의 뒤를 이은 나라는 영국으로, 런던 등 대도시를 중심으로 백화점이 대거 등장하게 된다. 1863년에 휘틀리Whiteley사가 런던에 백화점을 개업한 것을 계기로, 주변 상인들이 이에 자극을 받아 백화점업계에 속속 진입하였다. 대표적으로, 당시까지 건어물상이었던 해롯이 동시기에 백화점으로 변신하여 명실상부한 세계 최고의 자리에 오르게 되었다. 유럽에서 생긴 백화점은 그 후 대서양을 건너 미국에서 번성기를 맞게 된다. 1870년에 워너메이커Wanamaker가 백화점 형태로 재단장을 한 것을 계기로, 잡화상이던 메이시Macy's와 마샬 필드Mashall Field가 1870년대에 백화점업계에 참여하여 성공하였다. 프랑스, 영국, 미국 이외에도 이태리에서는 밀라노에 리나센티La Rinascente의 전신인 오빌레스 이탈리에Aux Villes d'Italie가, 독일에서는 1880년에 벨트하임Wertheim이, 1889년에는 바렌하우스Warenhaus가 뮌헨에 오픈하였다. 그리고 비교적 후발이라고 할 수 있는 덴마크, 벨기에, 네덜란드, 스위스에도 1890년대에 백화점이 등장한다.

19세기 중반 이후, 이렇듯 유럽 전역과 미국에서 거의 같은 시기에 일제히 백화점이 출현한 배경은 무엇일까? 경제사적으로 볼 때, 이 시기는 산업혁명 이후 급격히 공업화로 이행하는 시기이다. 문화사적으로는 과학의 발전에 힘입어 문화와 예술의 재인식과 재탐구가 이루어진 시기로, 이들 경제·문화의 변천과 관련해 다음과 같은 요인에 의하여 백화점이 출현했다.

1)공업화가 진전되면서 자연스럽게 소비재의 공업생산이 이루어지고 상품의 교환가치가 강화됨에 따라 상거래가 왕성

해진 점, 2)도시화의 진행과 함께 인구의 도시집중이 이루어지면서 도시 내 혹은 도시와 교외를 연결하는 교통기관이 발달하게 된 점이 그것이다. 교통의 결절점인 도심 주요 지역으로 왕래가 용이해지면서, 백화점을 끼고 있는 번화가에 사람들이 결집하는 패턴이 생성된 것이다. 또한 3)대규모 경영에 필요한 자금조달을 위해 주식회사제도가 성립되고, 은행 등 금융기관들이 속속 설립된 것, 4)인구가 집중돼 있는 도시에서는 노동력의 공급이 충분하고, 여성의 사회적 진출이 시작되었다는 것, 5)대규모 점포의 형성에 필요한 건축 기술(쇼윈도용 대형 유리의 제조, 점포의 대형화에 기여한 엘리베이터와 에스컬레이터의 개발 등)이 뒷받침되었다는 것, 6)신문 및 잡지가 발행되어 구독자가 늘어나면서 다수의 고객을 흡수하기 위한 매스 광고가 가능해진 것 등도 요인이 되었다.

물론 위의 6가지 요인 이외에도 프랑스의 부시코나 미국의 존 워너메이커처럼 창업가 정신으로 가득했던 경영자의 등장도 빼놓을 수 없다. 봉마르셰가 등장하기 이전의 유럽에는 소비욕구를 채워줄 유통체제가 전무한 상황이었다. 겨우 파사쥬를 중심으로 하는 전문소매점밖에 없었다고 생각해 본다면, 봉마르셰라는 백화점 업태가 등장한 것은 19세기 후반의 유통혁명이었다. 산업혁명으로 급격히 공업사회로 이행하던 시기에 등장한 백화점은 당시의 생산혁명, 소비혁명에 이은 유통혁명으로 평가할 수 있다. 이처럼 백화점의 등장으로 생산 → 유통 → 소비를 연결하는 대량화 시대가 열린 것이다.

만국박람회와 백화점

  19세기 중반 이후, 각국에서 백화점이 등장할 수 있었던 배경은 앞에서 언급했다. 부시코는 '봉마르셰'라는 점포를 통해 상품과 스펙터클한 공간의 결합으로써 도시인들의 잠재적 소비욕구를 자극시켰다. 집객을 위한 장치로서 백화점이라는 대단위 공간이 등장하였다면, 처음으로 그것을 시도했던 부시코는 이와 같은 수법을 어디에서 배웠을까? 그리고 왜 하필이면 프랑스라는 나라에서 처음으로 백화점이 등장하고, 곧바로 전 세계로 파급되었는가에 대해서 좀더 살펴보자.

  공간을 매개로 중세 이후의 서양문화사를 간략히 구분해보면, 대궁전 시대인 17세기, 대극장 시대인 18세기, 대박람회 시대인 19세기로 분류할 수 있다. 시대별로 형태는 다르지만 궁전, 극장, 박람회는 모두가 사람을 모으는 형태의 미디어였다. 특히 1851년의 '크리스탈 팰리스'로 상징되는 런던 만국박람회 이후, 세계 주요 도시에서 개최되어온 만국박람회는 놀라울 정도의 관객을 동원해 수퍼 미디어로서의 박람회라는 존재를 어필했다. 1851년 런던 만국박람회에서는 크리스탈 팰리스 이외에도 싱거I. M. Singer가 만든 미싱, 콜트Samuel Colt가 만든 피스톨이 각광을 받았고, 1853년 뉴욕 만국박람회에서는 오스틴의 엘리베이터가 출품되어 지지를 얻었다. 이 밖에도 지멘스의 전동기가 출품된 1867년 파리 만국박람회, 벨의 전화기와 풀만의 침대차가 등장한 1876년 필라델피아 만국박람회 등이 박람회의 집객력을 확인시켜 주었다.

부시코가 백화점이라는 스펙터클한 공간을 만들 수 있었던 배경은 프랑스 제2제정기인 1855년과 1867년에 두 차례나 개최된 '파리 만국박람회'였다. 파리 만국박람회는 나폴레옹 3세의 과대망상적인 거대도시 건설의 몽상과 생시몽주의자들의 산업 유토피아 구상이 결합되어 실현된 작품이다. 파리 만국박람회의 원점은 무엇보다도 이 세상에 존재하는 모든 사물을 철골과 유리로 만든 파빌리온 안에 전시하여, 이들 사물의 힘으로 민중을 계몽하려는 데 있었다. 철골과 유리를 이용해 만든 전시 공간은 당대 최고의 건축물이었다. 한마디로 말해 파리 만국박람회는 일상 공간과는 동떨어진 최고의 거대 공간 안에 모든 물건들을 옮겨놓고서 그 물건들을 통해 교육을 행하려는 시도였다. 이른바, '사물교육'이 파리 만국박람회가 갖고 있던 당초의 목적이었던 것이다.

그런데 만국박람회가 개최되자 그 실상은 목적과 상당한 괴리가 있었다. 벤야민Walter Benjamin의 『파리 −19세기의 수도』에는 이런 구절이 있다.

　　만국박람회는 상품의 교환가치를 신성화한다. 그것이 설치된 파빌리온 안에서 상품의 사용가치는 뒤로 후퇴하고 만다. 박람회가 전개하는 상황도 아름다운 환상으로 복잡하게 얽혀 있어 인간은 그저 기분전환밖에 바랄 게 없다.

벤야민의 지적처럼 만국박람회는 주최자의 의도와는 정반대로 흘렀다. 축제공간 안에 밀폐된 사물은 사용가치를 민중에게 가르쳐 주어야 함에도 불구하고, 거꾸로 사물이 발하는 주물숭배呪物崇拜성에 의해 사람들은 교환가치에 매료되어 버린 것이다.

부시코는 봉마르셰의 테마별 매출을 '엑스포지시온'이라고 불렀는데, 이는 엑스포지시온 유니웰세르(만국박람회)에서 영향을 받은 것이었다. 봉마르셰에 진열(엑스포제)되어 있는 상품은 특별히 누군가가 사주기를 바라는 목적에서 진열해 놓은 것이 아니라, 어쨌든 뛰어난 품질을 보여주고 그 존재를 알려주기 위해서였다. '엑스포지시온'이라는 명칭의 유래는 이렇게 시작된 것이다. 물론 부시코의 진정한 목적은 만국박람회에서 관객들이 보여준 반응을 끄집어내려는 데 있었다. 만국박람회와는 다르게 봉마르셰에서는 모든 상품이 구매 가능한 것이기 때문에 처음부터 장밋빛일 수밖에 없었다. 봉마르셰에서 고객은 마치 기분전환을 하듯이 상품을 구입하게 되었기 때문이다. 만국박람회에 감동 받은 푸르동P. J. Proudhon은 '상설박람회'의 구상을 발표하는데, 그의 아이디어는 20년이 지난 시점에서 부시코의 백화점을 통해 현실화되기에 이른다.

한편 프랑스에서 발명된 백화점이 전 세계로 퍼져 나가는 과정은 도시화의 궤적과 유사하다. 영국, 독일 등 프랑스 인근 국가를 거쳐 미국, 일본 그리고 국내까지 백화점이 전파되는 과정을 통해 그것이 함의하고 있는 도시 문화의 변천을 돌이

켜 볼 수 있다. 런던, 파리, 시카고, 필라델피아, 뉴욕, 오사카 등으로 대표되는 만국박람회의 개최지를 보면 이 점이 더욱 명확해진다. 19세기가 '만국 박람회'라는 상징으로 대도시를 치장하고 시민을 계몽했다면, 20세기는 '백화점'이라는 도시 인프라를 통해 이 역할을 충실히 수행했다. 1851년 런던에서 최초로 시작된 만국박람회의 성격은 과학적 진보를 통한 민중의 계몽이었다. 그러나 20세기에 들어서면서 여기에 오락적인 요소가 추가되었다. 따라서 만국박람회와 백화점은 점차 유사한 성격을 갖게 되었다. 양자는 공통적으로 이국풍의 진기하고 경이로운 것을 통해 20세기의 흥미를 유발함으로써 도시민을 매료시켰다. 탄생한 지 150년이 넘는 이 시점에서도 백화점은 '도시' '이국'이라는 문화 혈통을 통해 전 세계 대도시의 상징물로 존재하고 있다.

왜 해외여행을 하는 관광객들은 반드시 방문 도시의 백화점을 찾아갈까? 백화점은 그 자체가 바로 도시문화이기 때문이다. 환언하면, 여행하고 있는 도시가 소유하고 있는 삶의 향기(이국의 정취)를 느끼고 싶고, 그래서 조금은 업그레이드되어 있는 듯한 삶의 여유를 향유할 수 있기 때문이다. 아울러 대중소비사회인 오늘날의 고객은 백화점이라는 인위적인 공간 체험을 통해 유원지성을 즐길 수 있기 때문에, 가벼운 마음으로 입장해서 자신에게 유용하고 다양한 삶의 정보를 획득할 수 있는 이점까지도 누릴 수 있다.

공간 자본화와 욕망의 환기 장치

파리 패션의 성장과 백화점

백화점이 출현한 19세기 중·후반은 파리 패션이 탄생한 시대이다. 시기적으로 볼 때, 파리 패션의 세계적인 보급과 백화점의 역사는 매우 밀접한 관계를 갖고 있다. 백화점은 파리에서 발표된 패션이 대량으로 복제되어 전 세계로 퍼지는 시스템에 커다란 역할을 하였다. 그렇다면 파리 패션은 어떻게 시작되었고, 어떻게 발전하였을까?

파리는 오뜨 꾸뛰르Haute Couture(기성복)가 창시된 곳이다. 영국인으로 파리에 정착해 있던 워스Charles Frederic Worth 경卿은 최초의 오뜨 꾸뛰르를 창시했다. 그는 1858년, 파리 평화의 길 7번지에 의상실을 열고 자신만의 상표로 옷을 만들었다. 그의 디자인은 '유제니 황후'를 팬으로 만들면서 유명해졌고, 유럽 일대의 왕후귀족들은 그에게 옷을 주문하기 시작했다. 워스가 활약한 시대는 프랑스 제2제정기로, 1851년에 쿠데타로 황제가 된 나폴레옹 3세는 매우 사치스러운 소비문화를 장려했다. 그러다 보니 프랑스가 패션의 중심이라는 이미지가 퍼지고, 패션리더로 떠오른 유제니 황후의 머리 형태나 드레스를 온 유럽의 상류사회가 모방하기에 이른다. 결과적으로 '파리=패션의 중심지'였고, 워스는 패션의 중심인물이 되었다.

워스는 당시까지 기능인이었던 재단사의 지위를 일거에 아티스트 디자이너로 올려놓았다. 부인복이나 아동복을 만드는 재단사는 대개 여성이었다. 하지만 19세기 중반부터 남성 디자이너가 등장한다. 여성 디자이너는 귀족들에게 매우 순종하는 스타일이었던 데 반해, 워스는 권위적이고, 명령적으로 일을 했던 것으로 알려지고 있다. 그는 유제니 황후 이외의 고객은 반드시 자신의 점포로 불러서 작업을 했으며, 그에게 드레스를 맞추기 위해서는 반드시 유명인사의 소개가 있어야 했다. 거만한 디자이너가 더욱 무례하면 무례할수록, 여성 고객은 그의 상점에 쇄도했다. 소설가 에밀 졸라가 "제2제정의 모든 왕후와 공주들은 워스의 발밑에 엎드려 애원한다"고 말한 것을 보면 상황이 짐작된다.

워스의 개인 상점은 이 시기에 기업화되는데, 1851년에 발명된 미싱과 아니린 염료를 사용한 것이 전환점이었다. 이른바 대량생산 시대의 개막이었다. 워스는 주문복 이외에 대량 생산을 위한 디자인 모델을 판매하는 시스템도 개발했다. 상품으로부터 디자인을 분리하여 디자인을 판매하는 복제의 시대가 시작된 것이다. 이러한 복제 시스템에 의해 파리 패션은 세계로 전파되었고, 이를 지탱한 것이 백화점이었다. 결과적으로 파리 패션과 백화점은 중류 계급의 성장과 함께 성장했다. 구매력이 높아진 중류 계급은 유럽 귀족들이 파리의 워스 점포에 가서 애원해야만 입을 수 있던 드레스를 세계 여러 나라의 백화점에서 복제품으로 구매할 수 있게 된 것이다.

빅토리아 여왕을 동원한 마케팅, 영국

영국의 백화점 역사는 유럽 어느 나라보다 빨라서 백화점의 발상이 영국이라는 설도 있다. 그러나 일반적으로 영국 최초의 백화점은 1863년 런던에서 설립된 휘틀레이Whiteley's로 여겨진다. 휘틀레이는 '세상의 모든 필수품을 갖춘 점포(Universal Provider)'를 만들기 위해서 2명의 종업원으로 시작한 작은 상점이었다.

영국의 대표적 백화점 해롯은 휘틀레이나 봉마르셰보다 빠른 1845년에 헨리 찰스 해롯이 건어물상으로 시작한 것이었다. 해롯이 백화점으로서의 형태를 갖춘 것은 19세기 말부터 20세기 초반으로, 점차 고급점포로 변신하여 160여 년이 지난 지금까지도 품격과 위신을 자랑하고 있다.

해롯 백화점

1884년, 고급 점포로 새롭게 오픈할 당시 해롯은 혁신적인 마케팅을 시도했다. 일부 선택된 고객 가운데 우수 멤버를 위한 신용구좌를 개설해 주었던 것이다. 현금 판매가 중심인 백화점에서 신용으로 구매할 수 있는 특권이 주어진 멤버 중에는 당시 유명 여배우였던 엘렌 테리 등이 포함되어 있었다. 여성 고객을 집중적으로 공략하던 백화점은 유명 여성을 간판으로 내세워 여성층을 끌어들이려 하였다. 그렇기 때문에 영국에서 가장 유명하고 어필할 수 있는 여성을 고객으로 만들지 않으면 안 되었던 것이다.

이러한 문제에 대한 19세기 말의 해답은 '빅토리아 여왕'이었다. 1887년에 빅토리아 여왕의 퍼스트 쥬빌리(즉위 50주년 기념)가 있었다. 대영제국의 절정기에 걸맞게 화려한 예식이 진행되었고, 눈길 닿는 곳마다 여왕의 초상이 사용되었다. 당시 본격적으로 활동을 시작한 광고 비즈니스는 상품 선전에 여왕의 이미지를 사용하고자 했다. 거대한 권위를 가진 대영제국의 모든 것이 여왕의 이름하에서 행해졌다. 이미 1851년 런던 만국박람회를 통해 빅토리아 여왕은 다양한 제품의 우주 위에 군림하는 이미지를 가졌다. 그녀는 풍부한 상품의 여왕, 즉 컨슈머 퀸이었던 것이다. 식장에는 대량의 벨벳이 사용되었는데, 여왕이 특히 검은 벨벳을 좋아한다는 것에서 힌트를 얻어 벨벳의 광고에는 여왕의 이미지가 사용되었다. 재미있는 것은, 이 광고에서 여왕은 마치 일반 주부처럼 점포에서 벨벳 천을 고르고 있다는 점이다. 가사와 쇼핑을 하는 여왕의 이미지가 광고에 처음으로 사용된 것이다. 토머스 리차드는 『빅토리아 시대 영국의 상품 문화 -광고와 스펙터클 1851~1914』에서 "광고주가 확실히 의식하고 있는 것처럼 가족적인 컨슈머 퀸 이미지는 특히 여성 소비자에게 강하게 어필되었다"고 말하고 있다.

빅토리아 시대의 여성은 집에서 가사와 육아에 전념해야만 한다는 의식이 매우 강했다. 쇼핑은 사치품을 구매하는 것이므로 여성에게는 악덕의 입구이자 양심의 가책을 느끼게 하는 행위였다. 따라서 당시 백화점에 출입하는 것은 매우 좋지 않은 것이었다. 그러나 여왕이 쇼핑하고 있는 광고는 많은 여성에게 안도감을 심어 주었다. 쇼핑이 악덕이 아니라는 것을 보여 주었기 때문이다. 쇼핑은 여왕도 하는 것임을 주부들이 인식하게 되었고, 일반 주부도 백화점에서 쇼핑할 때는 마치 여왕이 된 것 같은 상상을 하게 해주었다. 이때부터 영국 여성들은 여왕처럼 당당하게 백화점을 출입할 수 있었다.

1860년 이후 수십 년에 걸쳐 발전한 백화점은 중류 계급 고객을 타깃으로 했다. 당시 중류 계급의 부인들은 '우아하게 보이기 위한 소지품(paraphernalia)'으로 치장하기 위한 경쟁이 있었기 때문에 이전보다도 한층 다채로운 상품에 돈을 지출하였다. 그들은 쇼핑하기 위한 돈을 많이 가지고 있었지만 쇼핑하는 상품의 수를 늘리려다보니 가격에 민감해졌다. 따라서 백화점은 프랑스의 봉마르셰가 그랬던 것처럼 보다 저렴한 가격으로 단골 고객을 위한 서비스, 즉 이들 중류 부인들에게 사교공간을 만들어 주었고 도서실을 제공하였다. 또한 피곤한 귀부인들을 위해 휴게실을 설치했다. 상품은 꼼꼼히 포장하여 배달하였고, 만일 이후에라도 상품이 마음에 들지 않을 때는 언제든지 교환이 가능한 시스템을 만들었다. 상품은 엄격한 현금판매를 원칙으로 하였고, 가격을 엄정하게 책정하여 표시하였다. 또한 이익률을 낮게 책정하는 대신 경영상의 목표를 대량판매로 설정하였다. 그러다 보니 적극적이고 과감한 판매와 선전이 또 하나의 특징으로 대두되어, 바겐세일이 이 역할을 담당하기에 이른다. 전 세계적으로 유명한 해롯 백화점의 세기의 세일도 여기에서부터 연유한다는 것을 알 수 있다.

세기의 세일 풍경 – 해롯 백화점

영국 최대 백화점 해롯의 세일은 국내의 뉴스나 해외 토픽 시간에도 종종 방영이 되곤 하는 세계적인 이벤트이다. 해롯 백화점이 세일을 하면 그 웅장한 점포의 12개 문 앞에는 늘 고객들이 장사진을 치는데, 그 이유는 무엇일까?

간단히 말하면, 해롯이 그만큼 기대를 충족시켜 주기 때문이다. 해롯의 모토는 "당신이 원하는 것을 모두 구비해 놓았

습니다(Omnia Omnibus Ubique)"이다. 해롯과 레이건 전 미국 대통령의 일화는 해롯이 왜 고객들에게 지지받는가를 실감케 해준다. 지금부터 약 30년 전, 어느 날 밤에 해롯에 아기 코끼리를 주문하는 전화가 걸려왔다. 전화를 건 사람은 당시 캘리포니아 주지사였던 로널드 레이건이었다. 그는 해롯이 조그만 핀 하나에서부터 공룡 화석이라도 구해준다는 것을 알고 있었다. 해롯은 레이건의 기대에 부응하여 바로 다음 날, 아기 코끼리를 수배하여 배에 실어 발송하였다. 레이건 家는 지금도 해롯의 열렬한 팬인 것으로 알려져 있다.

1849년 조그만 식품점으로 창업한 이래, 해롯은 점포 확장을 통해서 최고급 백화점을 만들어 갔다. 1900년대 초에 이미 최고급 백화점의 반열에 오른 해롯은 "다른 세계로 들어오십시오(Enter a different World)"라는 캐치프레이즈를 지속적으로 주창해 왔다. 그만큼 현실 세계와 다른 백화점 세계를 지향하고 끊임없이 노력하는 것이 고객에게 지지를 받고 있는 이유이다. 게다가 세일 때에는 상상할 수 없는 가격으로 대망의 물품을 손에 넣을 수 있으니, 고객들이 환호하는 것이다. 몇 십 년 전만 하더라도 아랍의 대부호들도 그 특이한 의상을 입은 채 세일 때 백화점이 오픈하기를 기다리는 모습을 흔히 볼 수 있었다. 어떤 때는 기다리는 고객이 너무 많아서 정리권을 배포하여 순번을 정해주기도 했다. 세일 당일에는 오픈을 기다리는 고객들을 위하여 백화점의 관계자들이 12개 문 가운데 혹시라도 다른 것보다 빨리 열리는 문이 없도록 세심하게 배려했다. 12개의 도어를 관리하는 종업원들에게 카운팅기를 나누어 주고, 마이크로 정확한 시간을 확인시킨다. 그리고 5분 단위로 시간을 체크하다가 마지막 10분전에는 1분 단위로 시간을 확인한다. 점장이 마이크를 통해 최종 10초 전부터 남은 시간을 카운팅하면 종업원들도 10, 9, 8을 함께 외친다. 이쯤 되면 5번 문(해롯의 정문) 밖에서 기다리던 고객들도 일체가 되어 6, 5를, 그리고 다른 문 앞에 있는 사람들도 4, 3, 2, 1을 함께 외친다. 마침내 1이라는 외침과 함께 12개의 문이 열림과 동시에 고객들은 백화점 안으로 쇄도한다.

고객들이 획득하고자 하는 물건은 주로 모피, 도기, 유리그릇, 드레스, 셔츠, 구두, 가구 등이다. 문이 열리고 고객들이 1층으로 질풍처럼 쇄도해 들어올 때, 백화점 관계자들은 순간적으로 그저 멍하니 서서 고객의 폭풍이 지나가는 것을 기다릴 수밖에 없다. 잠시 후, 백화점 관계자들은 몸과 마음을 다져 잡고 고객의 안전을 위해 동분서주한다. 한편 고객들은 사전에 이미 면밀히 매장을 탐구했는지라 자신이 목표로 하는 상품이 위치한 매장으로 즉시 돌진한다. 한스 크레센트 도로에서 진입하는 5번 문(정문)과 한스 로드로부터 진입하는 10번 문(후문)에서 들어온 고객들은 상행선 에스컬레이터 위를 뛰어 올라가고, 바질 스트리트에서 이어지는 3번 도어나 5-a 문, 1-a 문으로 들어 온 고객들은 목표 매장을 향해 계단으로 뛰어 올라간다. 고객에 따라 다르지만 목적지가 2, 3층인 경우가 대부분이므로, 계단으로 뛰어가도 충분히 승산이 있다는 계산이다.

특히 2층의 모피 매장은 5-a 문에서 계단을 뛰어 올라가는 것이 가장 단거리이기 때문에, 5-a 문은 모피를 획득하려는 고객들로 붐비게 된다. 3층에 있는 웨지우드나 고급 도자기 매장은 백화점의 중앙에 위치하므로, 대기하고 있는 중앙 엘리베이터를 타야만 제일 먼저 도착할 가능성이 높다. 그러므로 고객들은 각 문에서 중앙 엘리베이터를 향해 돌진한다. 첫 엘리베이터를 놓치면 뒤에서 쇄도하는 인파에 밀려 매장 내에서 곧 미아가 되므로 이는 대단한 모험인 셈이다. 4층에 위치한 18, 19세기 가구나 동양가구, 전통가구를 손에 넣으려면 10번 문의 에스컬레이터나 10-a 문을 이용해 계단을 뛰어 올라가는 것이 가장 빠르다. 이런 식으로 고객들은 사전에 이미 매장의 위치며, 자신이 움직여야 하는 동선을 머리에 그리고 도상작전을 펼치며 대기하고 있는 것이다.

세일이 시작된 지 3시간쯤 지난 12시 무렵이 되면, 세일에 대한 평가가 나타난다. 최초의 평가는 매스컴 관계자들에 의해 이루어진다. 영국 국영방송인 BBC나 민영 ITV, 그 밖에 유럽의 매스컴은 항례恒例로 취재진을 보내 해롯의 전투를 카메라에 담곤 한다. 취재단은 오랜 기간 해롯을 취재해 왔기 때문에 나름대로 비교 평가할 수 있는 눈이 있다. 매스컴의 의견과 백화점 관계자의 의견을 통해 그해 세일의 호부조好不調가 평가되는데, 이들의 예상은 거의가 들어맞는다고 한다. 이때, 해롯의 관계자들은 당일의 매출액 맞추기 내기를 하고, 세일이 끝나는 6시 이후에 사장이 직접 시상한다. 대개 최근의 세일

매출은 5천만 파운드(약 900억 원)쯤인데 이는 단기간의 세일 결과로는 대단한 매출액으로, 과연 해롯의 세일이 왜 '세기의 세일'인가를 확인시켜 주는 수치다. 물론 해롯이 과거부터 킹 에드워드 3세며 찰스 황태자를 비롯하여 노르웨이, 스웨덴, 벨기에, 스페인 왕으로부터 지지받던 왕립 백화점임을 감안한다면 어떤 의미에서는 당연한 귀결인지도 모르겠다.

부유층의 '병적도피증'

1898년 12월 10일, 『뉴욕타임스』는 뉴욕 6번가의 대형 백화점인 '시겔 쿠퍼'에서 여성 2명이 체포된 사건을 전했다. 은행 지배인의 부인인 세일러 레이몬드라는 여성이 1달러짜리 향수 1병을 훔친 용의로 점내 경비원에게 붙잡힌 것이다. 또 다른 여성 용의자인 로라 스위프트는 성직자의 부인으로 7달러짜리 우산과 잡화 몇 개를 훔친 용의였는데, 그녀는 점원의 눈을 피해서 스커트 안에 우산을 숨기다가 경비원에게 발각되었다. 당시 사건을 취재한 『뉴욕타임스』의 기자는 두 여성 모두 온화하게 생겼고, 세간의 평판도 좋은 현모양처였다고 보도했다. 결론부터 말하자면, 이 두 여성은 일단 고소되었지만 백화점 측에서 고소를 취하하는 시점에서 석방되었다. 이러한 사례는 크리스마스 시즌의 미국에서 빈번하게 발생하는 비슷한 사건의 한 부분에 지나지 않지만, 19세기 말에 도벽으로 시달리던 귀부인들을 조명한 드라마를 응축한 것이기도 하다.

유복한 중류 계급의 이들 두 여인은 당시 잡화와 의류품을 취급하던 거대 백화점에 쇼핑을 하러 갔다가 눈앞에 무한히 펼쳐지는 소비의 세계에 푹 빠지고 말았다. 이들의 절도사건은 문화와 경제가 뿌리째 흔들리는 격동의 시대변화를 받아들이기에 벅찬 미국 중류층 여성과 사회가 직면한 곤경을 보여준 것이었다. 실제로 미국에서는 1870년부터 1914년까지 소비사회가 출현하면서 발생한 주요 사건은 주로 중류층 여성의 절도였다. 물론 중류층 여성의 절도 사건은 19세기 런던에서도 이미 몇 건이 발생했다는 문서가 발견되었지만, 여성 절도에 대한 본격적인 연구가 이루어진 곳은 미국이었다.

미국 사회는 남북전쟁 이후 생산과 생산력이 급증하면서 신흥 중류 계급의 가처분자산이 늘어남에 따라 소비자의 가치관도 크게 변화하였다. 당시 막 성장하던 미국의 백화점은 같은 변화를 좌우하는 도시 장치였다. 대형 백화점들은 상품을 유효하게 이용해 일반 고객들이 손에 넣고 싶어 하도록 교육하고, 중류 계급의 생활필수품과 동경하는 상품을 분류하는 중요한 역할을 담당했다. 이들 대형 백화점들은 새로운 도시 특유의 대중문화를 짊어짐과 동시에 대중문화의 쇼케이스 역할을 담당했다. 마샬 필드는 시카고의 명소였고, 뉴욕을 방문하는 사람들은 반드시 메이시에 들르곤 했다. 이러한 거대 백화점 조직을 만들어낸 잡화·의류업자들은 부호나 뉴 엘리트 대열에 들어섰다. 대형 백화점의 오너들은 '새로운 세계를 정복하려는 현대의 알렉산더 대왕'이라 비유될 정도로 거대한 영향력을 가지고 있었다. 대형 백화점은 지금도 마찬가지지만 흥분, 감각적 자극, 풍부한 상품을 통해 고객을 취하게 하는 분위기가 있었다. 그러다 보니 자신도 모르게 절도에 이르는 여성들이 증가하는 결과를 낳은 것이었다.

백화점에서의 절도는 백화점에서 쇼핑을 한다거나 그 밖의 활동을 하는 과정에서 부수적으로 발생한다. 애초부터 절도를 목적으로 백화점을 찾는 여성은 거의 없다. 사회적으로 상당히 좋은 신분을 가지고 있는 여성 절도범은 대부분이 합법적인 소비활동과 비합법적인 소비활동을 동시에 하는 것으로 알려져 있다. 경비원에게 체포된 많은 여성들이 체포될 때 가지고 있던 장바구니 안에는 정당한 수속을 받고 구입한 물건들이 들어 있었다. 한편 이들 여성들이 절도를 함으로써 백화점이 받는 손해는 그렇게 큰 것은 아니었다. 그리고 더욱 중요한 것은 의사나 판사가 이러한 사건을 어떻게 해석했느냐 하는 점이었다. 의사들은 이들 여성의 대부분을 '병적도피증病的盜避症'으로 분류하고, 이러한 여성들은 기본적으로 이성이 없다고 판단을 한다. 어떠한 의미에서는 여성이라는 성으로 태어나 받은 다양한 속박이 이들을 도벽으로 끌고 간다는 것이다. 도벽이 있는 여성이 가지고 있는 불균형한 이성은 주로 생리기의 스트레스에서 발생하는데, 위기적인 시기라고 부르는 사춘기, 임신기, 갱년기에 그것이 두드러진다는 결과가 있다.

국내 백화점에서도 이런 상황은 가끔 발생한다. 서울의 부촌이라는 압구정동의 백화점에서도 가끔 목격되는 것이 여성의 상품 절도 사건이다. 평상시에는 보통의 고객이지만, 위기적 시기에 들어서면 자신도 모르게 도벽이 나타난다는 것이다. 백화점은 그것을 알고 있는지라 형사적인 처벌을 요구하기도 곤란하다. 단지, 몇몇 요주의 고객이 등장했을 때는 눈을 부릅뜨고 감시하는 백화점 직원과 고객 간에, 말하기 어렵고 말할 수도 없는 치열한 숨바꼭질만이 이루어질 뿐이다.

어린이의 욕망 환기 – 산타클로스 마케팅

1947년에 제작된 미국 영화 「34번가의 기적Miracle on 34th Street」은 매년 크리스마스가 되면 세계 각국에서 재방송되는 크리스마스 영화의 고전이다. 이 영화가 크리스마스의 대표 영화가 된 것은 미국인의 코드, 구체적으로는 '뉴요커의 코드=메이시 백화점'이 존재하기 때문이다. 발렌타인 데이비스 원작에 조지 시튼이 감독한 이 영화를 통해 메이시 백화점이 뉴요커들에게 어느 정도 크리스마스에 대한 친밀감을 주었는지를 살펴볼 수 있다.

크리스마스 시즌 뉴욕의

산타를 통해 어린이의 욕망 환기를 보여준
영화 「34번가의 기적」의 포스터

콜스 백화점(이 백화점의 전체 무대는 메이시 백화점임)에서 산타를 채용한다. 새로 채용한 산타는, 자신의 이름은 '크리스 크링글'이며 주소는 북극이라고 말한다. 백화점의 이벤트 기획부문 중역으로 있는 '도리스'는 상상 따위는 믿지 않는 극히 현실적인 직업여성으로, 산타의 존재 역시 믿지 않는다. 매우 현실적인 가치관을 가진 도리스는 자신의 딸(나탈리 우드 분分)에게도 이러한 현실을 주입시킨다. 새로운 산타클로스는 백화점의 크리스마스 분위기를 띄우기 위해 좌충우돌하게 되고, 이 과정에서 산타를 믿지 않는 소녀 나탈리 우드를 만나게 된다. 한편 크리스는 경쟁 백화점의 책략에 빠져 자신이 진짜 산타클로스임을 증명하지 않으면 안 되는 상황에 몰리고, 마침내 어린 소녀의 꿈을 충족시키고 도리스도 이를 믿게 되는 기적이 일어난다는 것이 이 영화의 스토리다.

뉴욕 법정이 산타의 공식적 유무 문제에 대한 판결을 내린다는 재미있는 소재의 이 영화는, 시종 흐르는 캐롤과 성탄절 퍼레이드 장면, 백화점의 화려한 크리스마스 장식들 등 약 2시간이 크리스마스 종합선물세트처럼 전해지는 작품이다. 백화점을 사랑하는 독자라면 한 번쯤 관람을 권한다. 현재는 1947년 작을 리메이크한 1994년 작품을 볼 수 있는데, 백화점 모습뿐 아니라 뉴욕의 34번가를 배경으로 케니 G의 꿈결 같은 색소폰 선율 속에 하얀 눈이 따뜻하게 내려앉는 정경 또한 일품이다.

그렇다면 왜 백화점의 선전을 위한 크리스마스가 이 정도로 어린이들에게 꿈을 주었는가? 크리스마스 퍼레이드는 이미 뉴욕에서 오래 전부터 성행하고 있었다. 이는 유럽의 카니발 전통이 유입되면서 발생한 것으로, 19세기 후반부터 성대히 치러졌다. 수많은 가장 행렬이 종과 북을 치면서 퍼레이드를 벌이는데, 어린이들도 대거 참여하였다.

그러나 제1차 세계대전 후에 민중의 축제였던 퍼레이드가 맨해튼에서 갑자기 사라져 버렸다. 도시화가 진행되면서 낡은 축제가 모습을 감춘 것이다. 그런데 맨해튼에서 낡은 축제가 사라진 대신에, 1924년부터 메이시 백화점의 퍼레이드가 시작되었다. 행렬은 맨해튼의 45번가에서부터 시작해서 34번가에서 끝난다. 윌리엄 리치William Leach는 『욕망의 땅, 1994』에서 백화점의 크리스마스 퍼레이드는 메이시가 발명했다고 주장하고 있고, 이것이 필라델피아의 '김블즈'와 토론토의 '이튼즈' 같은 백화점으로 전해져 같은 형태의 퍼레이드가 시행되었다고 밝히고 있다. 이때 카니발에서 쓰이는 소품과 장식은 메이시의 선전용 장식을 주로 사용하곤 했다. 영화 「34번가의 기적」에서 콜스 백화점의 이니셜이 들어 있는 별 모양의 대형 풍선들이 눈에 띄는데, 사실 별 모양은 메이시 백화점을 상징한다.

당시 메이시는 새로운 시대를 맞고 있었는데, 1924년에는 20층의 거대한 건물을 완성시킨 시점이었다. 메이시의 급성장 비결은 여성 고객뿐 아니라 어린이에게 있었다. 후에 "메이시를 만든 것은 완구부문이다"라는 말이 생겼을 정도로 '어린이'

라는 마켓에 주목했기 때문이다. 1920년대 미국에서는 어린이들이 사용하는 용구, 의류, 완구 등의 개량운동이 있었는데, 메이시는 일찌감치 이 운동에 참여했다. 메이시가 어린이에게 관심을 가졌던 것은 초기 메이시에 기용된 최초의 여성간부 마가렛 게첼Magaret Getschell이 커다란 역할을 했기 때문이다. 그녀는 원래 교사 출신으로 어린이에 대한 관심이 매우 컸다.

1924년 신관 오픈과 함께 메이시는 프로모션에 전력을 기울였다. 먼저 뉴욕에서 제일 거대한 전기사인을 설치하였다. 점내의 조명도 밝게 하고, 영업시간도 연장하였다. 이러한 프로모션의 일환으로 크리스마스 퍼레이드가 기획된 것이다.

스트라우스 형제가 경영하던 메이시는 1924년부터 제이스와 퍼시에게 경영권이 넘어갔다. 그들은 연극적이고 화려한 디스플레이를 선호하고, 개개의 상품만이 아니라 기획 이미지를 홍보하는 기업광고(institutional advertising)를 진행했다. 그들은 뉴욕에서 전통적으로 행해졌던 크리스마스 퍼레이드를 재현하기로 결심했다. 왜냐하면 '어린이'라는 새로운 마켓을 개발하려면, 산타클로스가 등장하는 퍼레이드가 안성맞춤이라고 생각했기 때문이다. 그리고 퍼레이드가 연출되었다. 물론 이 퍼레이드는 과거처럼 민중이 자유롭게 참여하는 것이 아니라, 행렬의 출연자는 점포에서 기획되고 고용된 사람들이었다. 이런 의미에서 본다면, 1920년대에 들어서면서 도시의 축제는 참가하는 축제로부터 구경하는 축제로 변모한 것으로 이해할 수 있겠다.

1924년 6월에 퍼레이드가 기획되고, 뉴욕시에 허가와 경비를 요청했다. 그리고 아트디렉터로서 토니 사그를 채용했다. 사그는 퍼레이드에 등장하는 다양한 행사 차량을 디자인하고, 34번가에 면해 있는 쇼윈도에 인형극 무대를 설치하였다. 그의 디자인은 호평을 받았고, 퍼레이드도 성공했다. 1924년 최초의 퍼레이드는 성황리에 진행되었다. 다량의 퍼레이드 차와 5개의 밴드가 계속 이어졌다. 5개 밴드의 중심에는 산타클로스가 자리 잡고 있었다. 거대한 빙산 위에 산타가 썰매를 타고 사슴들에게 채찍질을 하였다. 34번가 메이시에 도착하면 산타는 백화점 입구의 지붕 위에 올라간다. 이때 퍼레이드는 절정에 오른다.

메이시의 퍼레이드는 많은 뉴요커들의 인기를 받았기 때문에 한편으로는 비판도 있었다. 국민적인 종교행사를 메이시가 기업홍보로 이용했다는 점이다. 이에 대해 메이시는 이 퍼레이드가 뉴욕의 전통적인 축제에 뿌리를 두고 있는 것이라는 보도자료를 배포했다. 1927년부터 화려해지기 시작한 메이시의 퍼레이드에는 거대한 풍선으로 만든 몬스터 등 화젯거리로 떠오를 만한 캐릭터들이 대거 등장하기 시작했다. 이로써 메이시의 퍼레이드는 뉴욕의 겨울에 없어서는 안 되는 대형 행사로 정착했고, 이 시기부터 산타클로스는 전 세계에 매우 빠르게 확산되었다. 메이시에 이어서 모든 백화점에 산타클로스가 등장했고, 이때부터 백화점들은 '산타클로스'라는 메뉴를 판촉의 수단으로서 기묘하게 활용하였던 것이다.

에밀 졸라와 『부인들의 천국』

에밀 졸라는 1883년, 19세기 중반에 등장한 파리의 백화점 이야기를 『부인들의 천국』이라는 소설로 발표했다. 백화점을 무대로 하는 소설로 이것을 능가하는 것은 없을 정도로 『부인들의 천국』은 19세기 후반 이른바 제2제정기의 파리 백화점을 자세하게 투영하고 있다.

쿠데타로 황제가 된 나폴레옹 3세는 황후 유제니와 더불어 화려한 문화를 확산시켰다. 파리 패션과 백화점은 이 시대의 산물인데, 나폴레옹 3세는 특히 소매상인에게 상당한 자유를 주어서 소매업 혁명이 일어날 수 있는 기반을 제공했다. 이전까지만 해도 조합이 존재해서 점포를 오픈하려면 조합의 규제를 받아야 했다. 그러나 나폴레옹 3세가 이러한 규제를 완화시

킴으로써 자유롭게 점포를 개설할 수 있는 분위기가 조성되었다. 결과적으로 소매업으로 자본을 획득해서 점포를 더욱 확장하면서 백화점이 발전한 것이다. 봉마르셰를 만든 부시코, 루브르 백화점을 만든 쇼샤르, 사마리탄을 만든 코냑은 모두 가난한 가정에서 태어났지만, 소매업으로 재산을 모은 경우였다.

제2제정기의 사회상을 그리고 싶어했던 졸라는 이 시대의 전형적인 현상으로서 백화점을 선택했다. 봉마르셰나 루브르 백화점을 모델로 삼아 '부인들의 천국'이라는 백화점을 구상한 것이다.

『부인들의 천국』은 '부인들의 천국 백화점'을 경영하는 '옥타브 무레'와 이 백화점에서 근무하는 '도니즈 보듀'의 사랑 이야기이다. 가난한 남프랑스에서 태어나 파리로 상경한 '무레'는 미망인인 캐롤린과 결혼했다가, 그녀의 사후에 '부인들의 천국'을 유산으로 물려받는다. 무레는 이 점포를 지속적으로 확장시켜서 결국엔 '부인들의 천국 백화점'으로 신장개업하였다. 오전 8시에 개점하는 이 점포 앞 광장에는 배달용 마차들이 줄을 서서 대기했다. 입구에는 오리엔탈 카페트를 깔아 놓아, 마치 아라비안나이트의 세계로 들어가는 분위기를 느끼게끔 하였다. 소설 속에 나타나는 이러한 오리엔탈리즘의 연출 또한 동시대 백화점의 아이디어였다.

'부인들의 천국 백화점'에 입사한 도니즈는 경영자인 무레에게 재능을 인정받아 매니저로 발탁된다. 이처럼 여성이 매니저로 발탁되었다는 것은 백화점이 인사의 새로운 시대를 열었다는 의미도 된다. 도니즈는 계속해서 새로운 기획을 시도한다. 예를 들어 음악을 좋아하는 직원들을 모아 120명의 악단을 만들고, 콘서트와 무도회를 개최해서 신문 뉴스에 보도하기도 했다. 또한 점내에 두 개의 당구대와 체스보드 등을 설치한 남성용 오락실을 만들어, 남성들은 오락실에서 쉬고 여성들이 편안히 쇼핑할 수 있도록 배려했다. 한편 직원들을 위한 교양강좌를 열어 영어, 독일어, 문법, 수학 등의 강좌 외에 승마, 펜싱 레슨도 실시했다. 게다가 1만 권의 장서를 보유한 도서실, 진료실, 공중목욕탕, 미장원, 휴게실 그리고 종업원의 기숙사도 설치되었다. 결국 직원들은 외부에 나가지 않아도 모든 것을 점내에서 해결할 수 있는 구조였다.

졸라가 그린 '부인들의 천국 백화점'의 위용

19세기 후반은 철과 유리의 시대였다. 백화점 또한 그 은혜를 입은 건축물이었다. 졸라는 『부인들의 천국』에서 이러한 백화점의 형상을 상세히 묘사하였다.

부인들의 천국은 정면의 대형 현관에 들어서면 주변에 갤러리가 있고, 중앙에는 지붕까지 트인 대형 홀이 준비되어 있다. 그 옆에는 대형 철 계단이 설치되어 있다. 철 계단은 1층부터 2층으로 연결되었는데, 끝에서 끝까지는 철제 다리가 걸쳐 있다. 젊고 재능 있는 건축가가 창조적인 아이디어를 통해 건물 전체를 철골로 구성한 것이다. 따라서 발 닿는 곳마다 넓은 스페이스가 형성되었고, 빛과 공기가 잘 들어왔다. 천장이 탁 트인 공간을 사람들이 자유롭게 움직일 수 있다. 이것은 현대 상업의 대성당(The Cathedral of Commerce)이다. 가볍지만 견고한 이 건물은 소비자라고 불리는 국민들을 위해 만들어졌다.

경영자인 무레는 특히 여성 고객층을 획득하기 위해 다양한 아이디어를 짜냈는데, 그중 하나가 엘리베이터였다. 백화점이 고층화할 수 있었던 것은 이 엘리베이터의 덕이었는데, 여성들이 이 금속 상자에 잘 타지 않는 점에 착안해, 엘리베이터 내외장을 벨벳으로 바꾸었다. 그리고 상층부에 바bar를 설치해 가벼운 음료와 스낵을 내놓았다. 아울러 인테리어가 호화로운 갤러리와 도서실을 만들었다.

무레가 특히 신경을 쓴 것은 어머니 고객을 획득하기 위해 아이들이 즐거워할 수 있는 시스템을 만드는 것이었고, 이것은 결과적으로 백화점을 일종의 연극, 서커스 무대와 같은 장소로 연출했다. 가는 곳마다 인파로 붐비고, 사람들은 이리저리 물건을 둘러보면서 여유롭게 산책한다. 천장까지 터진 건물 위로는 철골로 만든 다리가 설치되어 있는 것이다. 졸라는 쇼핑을 하는 군중의 모습, 군중이 흥분하고 있는 분위기를 살아 있는 듯 생생하게 묘사하였다. 점포의 특정 지역에서는 바겐이나 특별전시회 등을 통해 고객의 발길을 멈추게 한다.

오후 4시였다. 기울어가는 태양빛이 전면의 대형 유리창으로 들어와 천장의 타일을 빛나게 하고, 붉은 빛의 미묘한 빛은 군중들이 왔다갔다하면서 발생한 먼지를 증기처럼 반짝이게 한다. 거대한 중앙 갤러리에 빛이 파고들면, 계단과 다리의 철골 구조물을 부상시켰다. 그것은 마치 붉은 용광로 내부 같아서 거기에서 디스플레이가 타고 있는 것 같았다. 손수건, 넥타이, 린넨이나 레이스 등 빛나는 면직물의 꽃밭. 방패같이 둥근 파라솔의 전시는 일종의 금속적인 반사를 보이고 있었다.

-에밀 졸라, 『부인들의 천국』

당시의 파리에는 봉마르셰, 루블과 같은 백화점이 존재했다. 봉마르셰가 대중적이었다면 루블은 보다 상류적 이미지를 갖고 있다고 소설에 등장하는 마르티 부인은 말한다. 이에 비해 '부인들의 천국'은 적당하다고 표현하는데 즉, 대중적이지도 않고, 너무 귀족적이지도 않다는 것이다.

19세기 후반에 백화점은 상류 계급과 함께 대중이 쇼핑하는 공간이었다. 그러던 것이 20세기가 되면서 슈퍼마켓, 할인점 등 점차 기계화되어가는 점포가 등장하면서 대중시장을 빼앗아감과 동시에 백화점은 상류지향으로 다시 전환한다.

백화점에는 프로 직원이 있어서 고객에게 친절하게 대응하고, 상품의 설명은 물론 선택까지 도와준다.

『부인들의 천국』은 '무레'라는 경영자와 '도니즈'라는 여직원의 사랑 이야기로, 무레는 여성 고객의 심리를 알고 그것을 조종하는 테크닉을 소유하고 있음에도 불구하고, 직원인 한 여성 도니즈의 마음을 움직이지 못하는 안타까움을 이야기한다. 여성의 욕망과 사랑은 별개의 차원인 것이다.

이미지를 상징화한 기호, '백화점'

　백화점은 다양한 상징을 갖고 있는 기호記號다. '소비의 전당'이라는 본원적 의미에 부가해 '도시 오아시스'요 '입장료 없는 생활 유원지', '도시의 인프라스트럭처' 등 다양한 상징성이 있다. 백화百貨라는 기호가 내포하듯 많은 물건을 취급하는 이 점포에는 단순 판매기능을 넘어선 다양한 상징이 숨겨져 있다. 표면적으로는 갖가지의 사회학적 상징성이 있는가 하면, 구체적으로는 'OO백화점'이라고 쓰인 광고, 쇼핑백, 쇼윈도에서부터 부문별로 나누어진 각 종의 상품에 이르기까지 다양한 형식의 상징을 노출하고 있다.

　그러면 우리가 흔히 쓰고 있는 '백화점'이라는 기호에 대해 좀더 깊이 생각해보자. 백화점을 미국식 영어로 표현하자면

'디파트먼트 스토어Department Store'이다. 국내 백화점의 예를 들면, 한글로는 'OO백화점', 영어로는 'OO Department Store'로 표기하고 있다. 그런데 왜 '백화점=디파트먼트 스토어'라는 도식을 사용하고 있는 것일까? 그리고 왜 '백화점百貨店'이라고 이름 붙인 것일까?

주지하다시피 백화점이라는 업태가 처음 등장한 곳은 프랑스이다. 처음에 프랑스에서 백화점이 등장했을 때, 그들은 'Grand Megasin(커다란 상점)'이라는 표현을 쓰고 있었다. 한편 영국에서는 'Universal Provider(무엇이든 있는 곳)'나 'Big Store(대형 상점)'로, 독일에서는 'Warenhaus(상품관)'라는 용어를 사용했는데, 이것이 미국으로 건너가 'Department Store'가 된 것이다. 미국인들은 나름대로 합리성을 강조하여 부문별로 조직을 만들고, 기능성을 강화하였다. 우리가 'Department Store'라는 용어를 사용하는 것은 미국식 영향이었다. 예의 Grand Megasin이나 Big Store의 경우는 상점의 크기에 초점을 둔 용어이며, Universal Provider나 Warenhaus는 상점의 특성, 즉 판매하는 상품에 포인트를 둔 명칭이다.

일본에서는 백화점의 효시라고 불리우는 '미츠코시 기모노점(三越吳服店)'이 1904년 12월에 '디파트먼트 스토어 선언'을 하면서 근대적인 백화점이 시작되었다. 일본의 미츠코시가 백화점이라는 업태를 도입한 배경에는 미국식 상점에 대한 호기심과 모방이 있었다. 1897년 당시부터 미츠코시의 전신인 '미츠이 기모노점(三井吳服店)'은 미국에 현지 시찰단을 파견

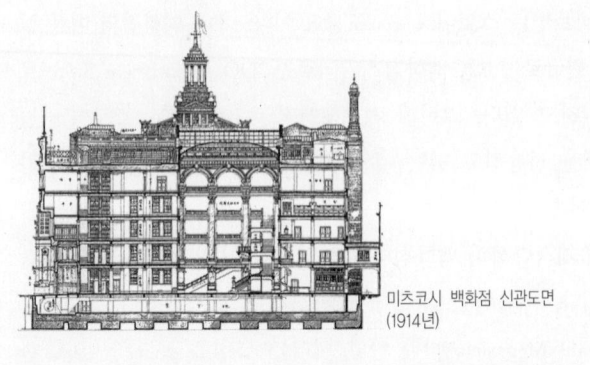

미츠코시 백화점 신관도면
(1914년)

하는 등 계속적으로 미국식의 상점 근대화를 연구하였다. 일
본에 등장한 백화점은 미국식의 아류로서 출발했다고 봐도 과
언이 아니다. 물론 그 용어도 '디파트먼트 스토어 선언' 당시
에는 Department Store라는 표현을 그대로 차용했다. 한편
1900년대 초 미츠코시 직원들이 미국의 '블루밍데일' '워너메
이커' '메이시' 등을 시찰하고 돌아왔다. 당시 미국에 출장 갔
던 직원들이 조사·보고한 기록이 현재까지도 남아 있는데, 그
기록에서는 Department Store를 '잡화 진열판매소' '소매 대상
점'이라는 용어로 지칭하고 있다. 1904년 미츠코시의 '디파트
먼트 스토어 선언' 이후에는 계속 '디파트먼트 스토어'라는 용
어가 사용되었다. 그러나 1920년대에 들어서면서 세간에 '소
매 대점포' '백화상점' '백화점' 등의 용어가 새롭게 등장, 원
어인 디파트먼트 스토어와 함께 혼용되어 불리기 시작한다.

이렇게 긴 시간을 거치면서도 통일되지 못한 용어가 '백화
점'으로 정착된 것은 1930년대로, '일본백화점상업조합(현재

의 일본백화점협회'이 설립되면서부터이다. 한편 '백화점'이라는 통일된 용어를 일반 대중에게 보급한 것은 '동문관'이라는 서점에서 발간한 잡지 『상업계』였다. 『상업계』는 일본 상업 근대화의 일등공신이었는데, 특히 『상업계』가 주최한 '상업계 세미나'는 당시 젊은 상점주들에게 커다란 영향을 주었다. 상업계 세미나에서 배출한 젊은이들 대다수가 현재의 일본 소매업을 리드하고 있는 것을 보면, 당시 이 잡지가 선택해서 사용했던 '백화점'이라는 용어의 정착도에 대해서도 의심할 필요가 없을 것이다.

우리나라의 경우에는 백화점의 출발이 일본계 백화점인 미츠코시에서부터였기 때문에 '백화점'이라는 용어에 대한 저항감이 거의 없이 그대로 사용되었다. 1931년 개설된 '화신' 이후에 백화점이라는 용어를 그대로 차용한 것과, 1932년에 세워진 '동아 백화점'이 백화점이라는 용어를 사용하게 되는 것도 이와 같은 이유에서이다. 참고로 같은 한자 문화권(중국, 홍콩, 대만 및 동남아시아 화교의 영향이 큰 지역)에서는 '윙온(永安百貨有限公司)'처럼 지금도 '百貨'를 주체로 한 상점명을 쓰는 곳이 있는데, 이는 대부분이 1937년 태평양전쟁 때 점령군이었던 일본의 영향을 받았기 때문이다. 실제로 1936년의 상해시의 백화점 5개 대형점포에 '백화'라는 용어가 들어가 있던 곳은 하나도 없었다. '선시공사先施公司, 영안공사永安公司, 신신공사新新公司, 려화공사麗華公司, 대신공사大新公司'가 당시 상해 5대 점포였는데, 전부 기업명과 공사公司를 결합시킨 상호를 사용하고 있다. 그런데 윙온이 10년 후에 '영안백화유한공사'라는 명칭을 채택해 사용한 것을 보면, 일제가 상해와 홍콩을 점령한 이후 적산을 접수·운영하는 과정에서 상호가 자연스럽게 바뀐 것으로 볼 수 있다.

한편 우리나라나 일본, 중국, 홍콩 등에서 사용하고 있는 '백화'라는 표현은 '모든 상품을 갖추었다'라는 점을 주장하는 것이므로 상품을 강조하는 표현이라 할 수 있다. 'Department Store'는 앞서 지적한 대로 부문별 조직에 의한 경영을 중시한다는 의미에서 붙은 이름으로, 크게는 관리, 영업, 물류 부문 등을, 작게는 여성의류, 남성의류, 잡화 등 주로 대상 상품군의 전문가를 양성한다는 측면에서 기능성을 중시한 명칭이다. 우리가 흔히 사용하고 있는 백화점을 의미하는 용어 자체만 해도 이렇게 다양한 기호와 상징성이 존재한다.

백과사전과의 유사성

한편 백화점을 백과사전百科事典에 비유하기도 하는데, 그 이유는 백과百科와 백화가 '다양한 기호의 집대성'이라는 상징적 의미를 갖고 있기 때문일 것이다. 게다가 여기에는 그 사회를 투영하는 현상이 언어와 상품이라는 형식으로 내재되어 있어서 사회를 상징한다는 면도 공통적으로 작용하고 있다. 그러므로 이들은 출발 이념에서도 '민중의 계몽'이라는 공통점을 갖고 출발하였다. 더 구체적으로 들어가자면, 프랑스의 계몽주의자들인 백과전서파(Encyclopediste)를 거론해야 할 것이다. 프랑스대혁명 발발 전인 앙시앵레짐(구제도)하에 D. 디드로, J. 달랑베르, J. 루소, 몽테스키외 등이 참여하여 과학·기술·학술 등 당시의 학문과 기술을 집대성한 출판사업이 '백과전서(Encyclopedie)'인데('백과사전'이라는 말도 이것에서 파생한 것이다) 이는 주로 민중의 계몽에 역점을 둔 사업이었다. 백화점의 경우에도 역시 그 전신이라고 할 수 있는 만국박람회가 '사물을 통한 민중의 계몽'이라는 정책적 의미로 프랑스에서 이용되었기 때문에, 결국 민중을 계도한 사업이라는 점에서 공통점이 있다 할 수 있다. E. 뒤르켕이 "백화점은 끊임없는 변화에의 적응성과 사회에의 순응 테스트 과정의 정점이고, 진정한 실험실, 사회의 도가니이다. 그곳에서는 집단이 축제 및 구경거리에서 하듯이 자신들의 응집력을 강화한다"라고 표현했을 정도로 백화점은 도시 사회에 순응하는 통과의례로 작용을 했다.

백화점과 백과사전이 다른 것이 있다면 그 구성체계인데, 백화점이 부문별·카테고리별 구성인 데 반해 백과사전은 알파벳식 구성을 가지고 있다. 고대 로마의 플리니우스가 편찬한 『박물지博物誌 *Naturaris Historiae*』만 해도 테마별로 구성된 백과사전이었다. 그러던 것이 1728년 E. 체임버즈가 알파벳순으로 편찬하고, 상호 참조표시를 해두면서 백과사전의 체제가 바뀌었다고 한다. 사회가 변하면서 점차적으로 백과사전이 두꺼워지면서 쉽게 찾는 방법이 필요했고, 알파벳 순서가 대두

된 것이다. 상대적으로 백화점은 알파벳순으로 나가는 사전처럼 중구난방 흩어져 있던 상품을 카테고리별로 편집함으로써 고객이 쉽게 상품에 접근하도록 하였다.

과학기술이 발달하면서 엘리베이터와 에스컬레이터가 등장하고, 이에 따라 건축물이 높아지면서 지금처럼 층별로 상품군을 정하는 방식이 등장했다. 건물의 높이에 따라 가감이 있긴 하지만 지하층은 식품, 1층은 잡화, 2·3층은 여성의류, 남성의류는 4층, 가정생활용품은 5층, 그리고 부수적으로 식당가, 미술관, 문화센터 등의 일반적인 층별 구성이 되었고, 고객은 암묵적으로 '1층=잡화, 2·3층=여성의류, 4층=남성의류, 5층=가정생활용품, 6층=식당가·문화센터'라는 백화점 층별 기호를 알고 있는 것이다(단층의 할인점이 백과사전식 구성을 하고 있어 고객에게 불편을 주는 점과 비교하면 이해가 쉬울 것이다).

오늘날의 백화점은 '백화'의 기호가 상징하는 다양함을 늘한 곳, 고객에 집중시킨다. 선물을 받는 사람이 그 백화점 포장지라는 기호에 더욱 만족하고, 쇼핑백을 든 고객이 그 백화점 쇼핑백이라는 기호에 더욱 만족할 수 있도록, 자기 관리를 하고 늘 고객의 편의를 위주로 생각한다.

사치의 민주화와 백화점이라는 학교

백화점에는 1년의 판촉 스케줄이라는 것이 있다. 판촉(판매촉진의 약자) 스케줄은 백화점의 주요 요소인 마케팅 부분을 총괄하는 것으로, 춘하추동의 매 시즌 및 1월부터 12월의 주요 행사를 기획·전개·홍보하고자 하는 계획표인 것이다. 판촉이 단순히 백화점의 매출증대를 위한 판매촉진의 수단으로만 작용한다면 굳이 여기서 사회적 의미를 거론하지 않아도 된다. 그러나 백화점의 판촉은 '사회 성원의 교육'이라는 점에서 상당한 의미를 갖고 있다.

표면적으로나 암묵적으로 계급이 분리되어 있는 서양에서는 백화점이 상류계층 사이에 유행하는 습관행동을 중산층에게 교육·전파하는 역할을 해오고 있다. 계급이 미분화된 여타의 나라에서도 이 점은 유행 선도층과 추종층이라는 측면에서 동일하게 받아들여지고 있다. 소비자들은 백화점에서 진행하는 일련의 판촉 스케줄에 의해 사계절에 대한 감각을 일찍 받아들이고, 앞선 유행을 교육받으며, 더러는 주요 행사에 대한 감흥을 오래 지속할 수 있다. 반대로, 백화점은 인터넷이라든가 각종 언론매체를 통해 예비지식을 갖게 된 소비자에게 보다 더 즐거운 쇼핑을 제공할 목적으로 1년의 판촉 스케줄을 조심스럽게 짜는 것이다. 그러면 백화점의 판촉 스케줄은 언제부터 작성되었을까?

백화점의 판촉 스케줄 작성은 이미 150여 년 전부터 시작되었다. 세계 최초의 백화점인 프랑스의 '봉마르셰'를 만든 부시코는 만국박람회의 맥을 이은 백화점이 사회를 교육시키는 장場이라는 발상에서 판촉 스케줄을 작성, 시행하였다. 학교 교육에서도 1년간의 학사 시간표가 있듯이, 봉마르셰에서도 계절별 세일이라든가 월별 행사 스케줄을 진행시켰다. 그럼, 봉마르셰의 판촉 스케줄이 왜 교육적 의미를 가지는가를 살펴보자.

가령, 여름 상품을 테마로 한다면 그 시즌의 유행을 실제보다 몇 개월 앞서 교육을 개시해서(당시는 언론매체가 지금처럼 발달해 있지 않았으므로, 여론 형성에 몇 개월이 소요되었다) 이것에 반응을 보이는 민감한 생도들에게는 유행의 최첨단 상품을 팔았다. 패션의 나라 프랑스에서도 가장 앞서서 유행을 제안하는 곳이 봉마르셰 백화점이었던 것이다. 그러나 학교 교육에서도 그러한 것처럼 모두가 우수한 생도일 수는 없는 것이 현실이다. 백화점의 제안에 반응이 민감한 생도가 있는가 하면 상대적으로 반응이 둔한 생도들이 있으므로, 이들에게는 서서히 레벨을 낮춰 가면서 최후에는 어떤 둔감한 생도라도 유행상품을 손에 쥘 수 있도록 '세일'이라는 과목을 책정시켜 놓고 있다. '세일'이라는 보충 과목은 계절마다 반복하는데, 이와 같은 주요 과목과 보충 과목만으로는 욕구불만이 생길 수 있으므로, 때때로 취향을 바꾸어 가구와 향수의 세일 등 선택 과목도 준비를 해놓았다. 이런 과정을 이수한 우수한 생도는 일정 시기가 지나 졸업을 하게 되고, 그 졸업생의 형제, 자매 혹은 자손이 다시 '봉마르셰'라는 학교에 입학하게 된다. 이와 같은 과정을 통해 '백화점'이라는 학교의 교육 이념은 단지 개인뿐이 아닌 사회에도 폭넓게 퍼져나갔다.

봉마르셰의 교육 중 가장 현저한 교육 효과를 발휘한 것은 '바캉스' 혹은 '리조트'라는 과목이었다. 주지하다시피 1개월 이상이나 되는 프랑스의 바캉스 행태는 세계적으로도 유명한데, 이것이 관습화된 것은 7월 왕정 시기부터이다. 바캉스는 영국의 상류사회를 모방해 상류 부르주아 계층에서 보급되기 시작해, 리조트지로서 노르망디 해안이 개발되었다. 제2제정기에 들어서는 프랑스 주요 도시를 잇는 철도망이 완성되고, 황실 주변의 영국 취향이 강해지면서 해안이나 호반으로 바캉스를 나가는 관습이 정착되었다. 노르망디의 도빌과 피레네의 비아리츠는 나폴레옹 3세와 그의 오른팔이던 모르니 공公의 보양지로서 유명한데, 이곳에 유력자들이 속속 별장을 지어 상류층이 모여들면서 여름 패션의 유행 진원지가 되었다. 봉마르셰의 부시코는 이들 상류 계급의 라이프 스타일 변화에 주목해, 프랑스 제3공화국 체제의 실질적 담당자인 중산 계급에게도 이 관습을 제안해야 한다고 생각했다.

결국 부시코는 리조트지에서 바캉스를 지내는 것은 1년의 피로를 잊고 심신을 이완시켜 재충전하는 것이 목적이므로 복장은 어느 정도 경쾌한 캐주얼웨어가 필요한지, 어느 정도 화려하면서도 밝은 색채가 좋은지, 장거리 기차여행에 견딜 수 있는 특별복을 준비하는 것이 좋은지, 리조트지에는 어떠한 가구와 잡화를 구성해 놓아야 하는지 등, 요컨대 인상파 화가의 그림에서 나타나는 밝은 양광 아래서의 행복해 보이는 이미지를 실현하기 위해서는 4월 30일부터 시작하는 '봉마르셰'의 여름 의류, 여행용품 대매출에 참가하지 않으면 안 된다는 것을 가르쳐 주었다. 그리고 일찍이 리조트웨어를 갖추는 것이 불가능했던 사람에게는, 다시 7월에 바겐세일이 있으므로 그 기회를 놓치지 말라는 충고도 잊지 않았다.

이처럼 사회의 상층부에서 어떤 새로운 습관행동이 출현하면, 봉마르셰는 스스로 그의 통속 해설자의 역할을 하면서 그 규범과 노력 목표를 중산 계급에게 전달하였다. 봉마르셰는 이들 중산층 초보자에게 지침서로서 원형과 가장 가까운 염가품을 제공하여, 조금이라도 현실을 꿈에 접근시키려는 노력을 하였다. '이상理想의 실현'이라는 점에 매우 약한 존재가 바로

'인간'이라는 것을 부시코는 이미 알고 있었던 것이다.

백화점들이 매년 작성하고 있는 판촉 스케줄이 이와 같은 봉마르셰의 상층부 습관행동을 중산층에게 전달하는 지침서의 전통을 이어받았다는 점에서, 백화점이 사회의 학교 기능을 충실히 하고 있다고 할 수 있다. 다만 그 스케줄의 선명도와 적응도에 따라 백화점의 그레이드가 분류되는 것이다.

광고라는 교과서

백화점 조직의 꽃은 '판매촉진팀'이라는 말이 있다. 앞서 지적한 것처럼 백화점의 행사를 총괄하고 판촉 스케줄을 만들어 내는 곳이 판촉팀이기 때문이다. 흔히 백화점의 질적인 성숙도를 판별케 하는 요소로 상품·종업원·매장·판촉(마케팅)의 4개 요소를 꼽는다. 이 가운데 판촉은 유형의 형태로 존재하는 상품·종업원·매장이라는 3대 필수요소에 부가되는 무형적 요소로, 백화점의 그레이드를 직접적으로 결정해 준다. 백화점이든 할인점이든 대부분의 소매업체에는 '상품·종업원·매장'이라는 필수요소가 이미 존재한다. 단지 백화점이냐 할인점이냐, 아니면 그레이드가 높은 백화점이냐 낮은 백화점이냐는 이들 3대 필수요소를 조합하는 시스템에 달려 있고, 이 시스템을 움직이는 '판촉'이라는 기능에 의해 결정된다.

일반적으로 백화점의 고품격 이미지를 단기간에 만들어 주는 것에는 판촉, 그중에서도 광고의 힘이 크게 작용을 한다.

예를 들어 현대백화점의 경우에는 휴머니즘에 근거한 애니메이션 TV 광고를 통해 이를 실현했는데, 1980년대 메말랐던 가슴에 잔잔한 정서를 심어줌으로써 친근함을 이미지화시켰다. TV뿐 아니라 신문, 잡지, 지하철과 버스에서 발산하는 현대백화점의 향기는 사회를 연화시키는 유연제로서의 역할을 했다.

주지하다시피 '사회 성원의 교육'이라는 점에서 백화점의 학교론을 실행한 사람은 봉마르셰의 창시자 '부시코'이다. 그는 백화점이라는 학교에서 사용할 교과서도 충실히 제공했는데, 광고의 전단, 팸플릿, 수첩, 가계부, 카탈로그 등이 그것이었다. 신문광고가 처음으로 사용된 곳은 역시 프랑스로, 1836년 7월 1일 '에밀 드·지랄단'이라는 천재가 광고와 신문을 도킹시켜 예약 구독료를 종래의 반으로 인하한 일간지「프레스」를 창간하면서부터이다. 이 지랄단의 신문광고를 유용하게 활용하고 응용한 것이 부시코였다. 1872년에 부시코는 자신이 가슴속에 그리던 백화점의 모습을 봉마르셰 신관으로 완성, 실현시켰다. 그는 진정한 백화점을 만들기 위해 우선 봉마르셰의 내부에 인쇄소를 설치했다. 당시에는「프레스」를 제외한 대형 신문사들도 사내 인쇄소를 갖는 것이 매우 어려웠다. 그런데 신문사도 아니고 인쇄소도 아닌 일개 백화점이 직접 인쇄시설을 갖춘 것을 보면, 판촉 특히 광고에 대한 부시코의 선견지명을 읽을 수 있다. 환언하면 그만큼 봉마르셰의 인쇄물이 많았다는 의미일 수도 있다.

봉마르셰가 발행한 인쇄물 가운데는 매주 대량으로 파리와 인근 교외의 신문에 삽입한 전단을 빼고도, 『아젠다』라는 연간 예정표를 겸한 일종의 가계부가 있었다. 『아젠다』는 『아르마나』라고도 불렸는데, 원래는 문자를 알지 못하는 민중계층에게 그리스도교의 행사나 국가의 축제, 농사력, 건강법 등을 가르치기 위해서 삽화를 넣어 만든 인쇄물로 어느 가정에나 적어도 한 권은 있는 책이었다. 「프레스」의 지랄단은 1833년에 『아르마나』에 실용적인 과학지식을 넣어 『아르마나·드·라·프랑스』를 정가 1프랑에 내놓아 사상 최초의 밀리언셀러를 기록했다. 부시코는 이것을 응용해 가정생활에 필요한 정보와 봉마르셰의 연간 바겐세일 예정을 같이 편집한 『아젠다』를 만들어 고객에게 무료로 배포했다.

1888년의 『봉마르셰 아젠다』를 보면 다양한 사실이 나타난다. 먼저 표지에는 '아젠다＝뷰발 듀 봉마르셰, 1888'이라는 글자가 새겨져 있어, 이 수첩의 핑크 페이지가 동시에 잉크의 흡취지(뷰발Buvard)로도 사용되었음을 알려준다. 『아젠다』의 표지에는 봉마르셰의 조감도가 목판으로 새겨져 있고, 표지를 열면 봉마르셰의 연간 캘린더가 수호신들의 이름과 함께 인쇄되어 있다. 그 뒷페이지에는 파리 및 근교에서 봉마르셰까지 오는 마차의 노선번호 일람으로부터 구청, 경찰서의 주소, 우편요금, 도서관, 미술관, 소방서의 주소, 주식매매 수수료, 각종 요리법에 이르기까지 생활에 도움을 주는 지식이 다방면에 걸쳐 게재되어 있어 파리 생활을 총망라한 생활편리수첩으로 인식되었다. 그리고 봉마르셰의 주목적인 연간 판촉 스케줄과 바겐세일에 관한 사항이 일별로 정리되어 있고, 구매를 자극하고자 하는 라이프 스타일을 다채롭게 소개하고 있다. 예를 들면, 봉마르셰의 가장 중요한 고객층이라 할 수 있는 중산층을 타깃으로 하는 홈파티용품을 광고하는 것이 그것이다. 홈파티는 인간이 한 계급 오른다는 여유로운 느낌의 가장 적절한 표현으로, 봉마르셰는 이를 자극하여 홈파티와 관련한 드레스와 슈즈의 판매를 목적으로 하고 있었다.

봉마르셰의 판촉활동을 살펴보면 '백화점'이라는 소매점은 태동기부터 일반 소매점, 할인점과는 확연한 차이를 주는 곳임을 알 수 있다. 단지 판매의 장소로서 상품에 대한 소개만을 하겠다는 것이 아니라, 민중계층의 계도 및 한 계급 오른 생활의 제안 등 다양한 수업을 통한 학교기능을 갖춘 곳임을 도시민에게 인식시킨 것이다. 게다가 『아젠다』와 같은 교과서가 대중에게 폭넓게 사용되었음도 알 수 있다.

봉마르셰 아젠다(1888)

그래서 오늘날의 백화점이 이러한 발상을 업그레이드시키면서, 항상 시류를 정확히 읽어가는 '시류 적응업時流適應業'을 표방하고 있는지도 모른다. 백화점의 광고가 사회를 반영하는 교과서가 된 이유도 여기에 있다.

백화점 매장의 과학성

백화점을 개설할 때 가장 신경 쓰는 고객 관련 시설물은 에스컬레이터와 엘리베이터이다. '몇 대의 에스컬레이터와 엘리베이터를 설치해야 하며, 어디에 설치하는 것이 좋은가?'라는 등의 고민 때문이다. 물론 가장 최적의 방안을 선택해서 새로운 백화점이 탄생하지만, 거기에는 설계 담당자와 각 층의 머천다이저가 머리를 맞대고 숙의를 거친 흔적이 남게 된다. '고객의 흐름'이 바로 그것이기 때문이다. 백화점 매장을 보면 고객이 주로 다니는 동선이 눈에 들어오는데, 이것을 하나로 통합해 놓으면 고객의 흐름이 된다.

대개 인간은 오른발보다 왼발이 조금 짧다는 보고서가 있다. 인간의 심장이 왼쪽에 있기 때문이라는 설도 있고, 오른쪽 발을 자주 사용해서 더욱 진화했다는 설도 있다. 일본의 어느 대학에서 무의식중에 자극을 받은 사람이 어느 방향으로 움직이는가를 실험하였는데, 대부분이 왼쪽으로 움직였다고 한다. 스포츠 세계에서도 이것이 증명된다. 육상 트랙경기나 스피드 스케이팅 경기장, 사이클의 벨로드럼, 고대 로마의 전차마가 달리던 히포드럼 등은 모두 시계 반대 방향으로 돌게 되어 있다. 시계 방향으로 도는 것과 비교할 때 코너워크에서 큰 차이가 있기 때문이다. 짧은 왼발이 안쪽에서 지지하면서 바깥쪽의 오른발이 돌게 되어 있는 형태이다. 달리 표현한다면, 왼쪽의 심장이 부담을 느끼지 않도록 하는 가장 좋은 방법인 것이다.

마찬가지로 백화점 고객의 흐름도 시계가 도는 반대 방향인 경우가 대부분이다. 상하행이 교차하는 에스컬레이터는 효율 때문에 백화점 중앙부에 위치하는 것이 보통이다. 따라서 백화점의 매장과 통로는 에스컬레이터를 코어로 해서 몇 겹의 토성 띠처럼 구성된다. 에스컬레이터의 가까운 쪽에는 아일랜드형 매장을 설치하고, 바깥쪽에는 박스형 매장을 설치하여, 에스컬레이터를 타고 오르내리면서 백화점의 매장 레이아웃을 한눈에 보여주는 것이 국내 백화점 매장의 특징이다.

특별한 목적 구매물이 없고 비교 구매를 하려는 고객이라면, 이와 같은 매장에서 아일랜드형과 박스형으로 구성된 그 몇 겹의 매장을 시계 반대 방향으로 서서히 이동하며 쇼핑을 즐길 수 있다. 백화점에서의 행동 가운데 본인은 에스컬레이터에서 내리면서 왼쪽과 오른쪽 어느 쪽으로 먼저 향하는가를 생각해 보면 짐작이 갈 것이다. 혹시 오른쪽으로 향한다면 벽면에 있는 박스 매장을 중시해 시계 반대 방향으로 돌기 위해서 작위적으로 그림을 그려 실행했거나, 백화점 측에서 자연스러운 고객의 흐름을 인위적으로 차단하기 위해 브랜드력이 높은 상품군을 그쪽으로 배치했기 때문일 것이다. 고객의 흐름을 공식처럼 일정하게 정해버리면 같은 통로 가운데도 죽어버리는 통로가 생기기 때문이다. 이와 같이 죽은 통로를 살리려는 측면에서 백화점은 과학적 토대를 바탕으로 인위적인 차단을 도입하는 때가 있다. 그리고 시즌마다 MD를 재편성하여 매장 위치를 바꾸는 공간 재배치 작업도 병용하고 있다.

한편 백화점에 에스컬레이터와 엘리베이터가 등장한 것은 언제부터일까? 최초로 백화점에 에스컬레이터를 설치한 곳은 영국의 '해롯 백화점'으로, 1898년이었다. W. 레노가 처음으로 에스컬레이터를 발명한 것이 1891년이고 개량형이 등장한 것이 1890년대 후반이므로, 해롯 백화점의 에스컬레이터 도입은 센세이션한 일이었다. 오늘날의 에스컬레이터와는 다르게 계단이 없는 초보 단계의 에스컬레이터였음에도 당시의 「데일리 크로니클」 신문은 이 희한한 기계에 대해서 에스컬레이터를 처음 경험한 세계의 일성을 다음과 같이 보도하였다.

해롯의 움직이는 계단은 마법주단이 속세에 내려진 것 같았다. 사용도 편리해서 양 발을 움직이는 계단에 올려놓고 한 손을 레일에 올리면, 거의 느낄 수 없는 동력으로 위로 올라간다.

엘리베이터는 어떤가? 엘리베이터는 문명사적으로는 에스컬레이터보다 더 중요한 발명이었다. 건축물의 고층화에 대응한 설비이지만, 엘리베이터의 보급을 통해 건축물의 고층화를 더욱 촉진시켰다는 점에서 그렇다. 19세기에 들어서면서 서구에서는 도시가 확대되고 인구가 도시로 집중하면서, 도시 내의 건축물이 고층화하여 엘리베이터와 같은 설비의 필요성이

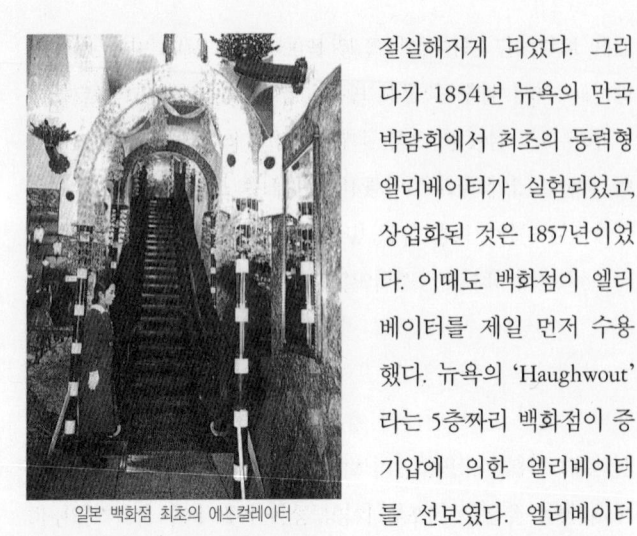
일본 백화점 최초의 에스컬레이터

절실해지게 되었다. 그러다가 1854년 뉴욕의 만국박람회에서 최초의 동력형 엘리베이터가 실험되었고, 상업화된 것은 1857년이었다. 이때도 백화점이 엘리베이터를 제일 먼저 수용했다. 뉴욕의 'Haughwout'라는 5층짜리 백화점이 증기압에 의한 엘리베이터를 선보였다. 엘리베이터를 움직이는 동력이 증기에서 전기로 바뀐 것이 1889년이므로, 당시 Haughwout 백화점의 선진성을 엿볼 수 있다.

동양에서는 일본의 미츠코시 백화점(1914)이 엘리베이터를, 시로키아(도큐 백화점 니혼바시점의 전신, 1911)가 에스컬레이터를 제일 먼저 도입한 것으로 기록되어 있어, 역시 백화점이 과학적인 설비의 도입에 앞장섰음을 보여주고 있다.

연세춘추에서 그리는 백화점

국내 대학이 백화점이라는 상업시설에 대해 진지한 관심을 가지게 된 것은 몇 년 되지 않는다. 특히 인문과학 쪽에서 백화점이라는 공간을 다루기 시작한 것은 그리 오래되지 않았다.

정확히 말해 1993년 9월에 연세대학교의 학보『연세춘추』에 실린 논문이 그 출발점이 아닐까 싶다. 당시『연세춘추』에는 일련의 '백화점 공간론'이 게재되어 화제를 불렀다. 연세대학교가 위치한 신촌에 '그레이스'라는 새로운 상업시설이 등장하자, 학생들의 관심이 백화점이라는 공간으로 쏠린 것이었다.

신촌 시장이라는 재래식시장이 있던 자리에 우뚝 솟아오른 거대한 시설, 신촌 최대의 위용을 자랑하는 백화점이 등장하면서 작게는 신촌 일대가, 크게는 서울의 서북부 상권이 달라졌다. 도심의 롯데·신세계·미도파를 비롯해 지역상권의 현대·뉴코아·그랜드라는 백화점 분할구도가 무너진 시점이 바로 이즈음이었다. 구로에 애경백화점, 영등포에 경방필, 신촌에는 그레이스가 등장했기 때문이다.

가히 '백화점 개설 붐'이라고도 할 수 있는 당시의 상황을 접한 학생들의 관심이 '백화점'이라는 도시장치로 쏠린 것은 당연한 일이었다. 게다가 관심의 초점이 상업시설로서보다는 도시의 인프라스트럭처(기간시설)로서의 백화점에 맞추어졌다는 것은 자못 의의가 있는 일이다. 오랜 동안 그들의 부엌 역할을 하던 신촌 시장을 밀어내고 바로 그 자리에 들어선 백화점의 실체는 그들을 흥분하게 만들었다. 서민의 부엌을 대체한 자본화된 공간은 과연 어떤 변화를 가져다주었는가? "홍익문고 앞을 약속 장소로 삼던 무리들이 그레이스 백화점 앞을 점거해, 한 권의 책이라도 들척이던 성향에서 거대 소비 공간의 쇼윈도를 들여다보는 종족으로 변했다"는 지적이 이를 대변하고 있는지도 모른다. 신촌 시장과 홍익문고가 그레이스백화점으로 대체되었다는 것은 트렌드와 화제성을 따르는 시대적 추세였다.

『연세춘추』에서는 이렇게 말한다.

어두운 밤 금화터널을 빠져나오면, 저기 남쪽에 우아한(그레이스) 자태의, 그리고 머리에는 금관을 둘러 얹은 하얀 몸체의 여신이 보인다. 밤에 본 그레이스 백화점의 모습이다. 또 그것은 그 백화점이 상징하고 있는 모든 것의 압축이다.

마치 "저기 파리의 불빛이 보인다"라는 린드버그의 말을 연상시키는 구절이다. 여기에서는 밤과 불빛이 키워드로 작용한다. 밤을 환상적으로 조작하는 것이 바로 불빛이기 때문이다. 백화점사史를 살펴보면, 에디슨의 전구 발명 이후 얼마 되지 않는 시점에서 각국의 백화점 대부분이 건물 외벽에 조명 장식(일루미네이션illumination)을 하게 된다. 이 가운데 특히 유명한 것이 영국 해롯 백화점과 일본 미츠코시 백화점이었다. 이들 백화점 건물의 야간 조명 전통은 지금까지도 변함없이 이어져 내려오고 있다. 그도 그럴 것이, 한밤에 조명으로 치장한 대형 건물은 대낮에 보는 것과 상당한 차이를 주기 때문이다. 일루미네이션 건물은 밤에 도시의 랜드마크 기능을 한다. 파리의 유명 건축물이 한밤에 조명을 하는 것도 같은 이치라 할 수 있겠다. 또한 거대한 건물의 야간 조명은 보는 이에게 홍분을 제공하기도 한다. 원경에서 느끼는 일루미네이션은 그곳에 가보고 싶다는 욕망을 자극한다.

라스베가스의 호텔가나 디즈니랜드의 일루미네이션은 이러한 홍분을 집적하는 장치로서 작용한다. 같은 의미에서, 『연세춘추』에서 밝힌 "머리에 금관을 둘러 얹은 그레이스의 자태"는 결국 유원지적인 홍분을 제공하는 상징성으로 작용한다고 볼 수 있다. 저층 위주로 구성된 서울 북서부 지역의 특성과 고층 백화점이 만들어낸 절묘한 하모니인 셈이다.

아울러 『연세춘추』는 그레이스 백화점을 신촌 로터리의 개선문으로 정의하고 있는데, 이는 파리의 거대한 11개 도로가 개선문 중심으로 이루어짐을 의식한 정의로 보인다. 신촌 로터리의 5거리가 모두 그레이스를 중심으로 움직인다는 의미일 것이다. 실제로 그레이스의 등장 후, 신촌 일대의 차량과 보행자 동선은 크게 변화했다. 지상뿐만 아니라 지하철과 연결된 통로의 동선마저도 그레이스를 중심으로 재구성되었다. 지하철의 연결통로를 백화점과 연결시켜서 소비 메커니즘 안으로 견인하려는 의도, 즉 '공간 자본화 과정'이 의도되었다 하더라도, 이것은 백화점이 '도시의 기간시설'로서 기능하고 있음을 보여주는 실례이다. 『연세춘추』의 논의 후, 10여 년이 지난 오늘, 그레이스는 아직도 웅장한 자태를 뽐내고 있다. 변한 것이 있다면 자본의 이전을 상징하는 붉은색 'HYUNDAI' 로고가 더욱 선명하게 빛나고 있다는 사실뿐이다.

창세기 백화점의 투시

국내 최초의 백화점 '미츠코시 경성지점'

우리나라에 최초의 백화점이 등장한 시기는 언제일까?

세계 최초의 백화점인 프랑스의 봉마르셰가 탄생한 뒤 약 80년, 일본의 미츠코시가 '디파트먼트 스토어 선언'을 한 지 25년의 세월이 지난 1929년에 우리나라 최초의 백화점이 세워졌다. 일제 치하의 서울에 진출한 '미츠코시 경성지점'이 국내 최초 백화점이다. 미츠코시 경성지점은 원래 한일합방 이전인 1906년에 출장원 대기소로 설치되었다. 당시 미츠코시의 대표이던 히비오노스케의 구상에 의해 설치된 '미츠코시 경성 출장대기소'는 장래 상권 확대가 예상되는 조선의 거점 역할을 하였다. 출범 초기에 이 출장 대기소는 국내재류 일본인을 대상으로 통신판매에 주력하였다. 물론 상품은 미츠코시 본점에서 보내주는 것이었다. 당시 일본인들을 대상으로 하는 통신판매는 미츠코시 이외에도 다카시마야가 참여하였다. 그 후 한일합방으로 국내재류 일본인이 급증하자 미츠코시 출장 대기소는 1916년 10월에 르네상스식 3층 건물(1,221㎡)을 낙성, 출장소로 명칭을 변경하게 된다. 미츠코시 내부 자료에 경성출장소 건물의 낙성과 함께 다양한 이벤트를 펼쳐 내점객이 넘쳤다는 기록이 남아 있는 것을 보면, 미츠코시 경성출장소의 출발은 성황리에 이루어졌음을 알 수 있다.

일본인의 국내 유입이 계속되면서 영업의 호조를 보이던 미츠코시 출장소는 1929년 9월 1일부로 정식지점으로 승격하였다. 미츠코시가 현재 신세계 본점 건물을 완성한 것은 지점 승격으로부터 1년 뒤인 1930년 10월로, 1927년에 공사를 시작한 지 4년 만이었다. 건물 부지는 당시 경성부 청사가 지금의 서울시청 자리로 옮기면서 남게 된 땅 약 2,200㎡를 매입한 것이었다. 이 부지는 장안 사람들에 의해 '낙천지樂天地'라고 불리던 곳으로, 영화관과 곡마단 등이 들어서 있어 경성부의 오락을 상징하는 곳이었다. 어찌 보면 미츠코시는 준공 이전부터 이미 집객력과 화제성이 풍부한 낙천지를 통해 더욱 유명해졌는지 모른다. 준공 당시 미츠코시 경성지점은 지하 1층, 지상 4층으로 건축면적은 7,335㎡(이는 일본 니혼바시(日本橋) 미츠코시 본점에 있는 신관 건물의 약 60% 수준이었음)였는데, 1937년 10월에 다시 증축 개점하여 9,240㎡로 확대되었다.

식민지하 국내의 민족자본이 미형성된 시기에 미츠코시라는 일본의 거대 자본은, 내한해 있던 자국인과 당시 일본 총독부의 문화정치를 통해 형성된 내국인 상류층을 주요 대상으로 영업을 했다. 특히 내한 일본인들은 총독부 관련, 무역상사 근무자 등이 주요 고객으로 이들은 일본에서보다 약 2배의 급료를 받았으므로, 미츠코시의 영업에 지대한 영향을 주었다. 당시의 경성부府 상공회의소 월보에 의하면, 경성은 1920년대부터 급팽창을 하기 시작했다. 1920년 당시의 경성부 인구는 약 30만 명이었고, 1936년 4월 경성부가 확장된 시점에서는 67만 7천 명(1942년에는 111만 4천 명)으로, 일제하의 식민지 전체를 통틀어도 도쿄府에 이은 유수의 도시였다. 미츠코시는 경성의 이러한 사업적인 잠재력에 기대를 갖고 1906년부터 경성에 교두보를 마련, 합방 이후에 적극적으로 진출을 한 것이었다. 한편 미츠코시는 1928년 코베(紳戶)지점을 시작으로 긴자(銀座), 신주쿠(新宿), 가나자와(金澤) 등에 계속적으로 점포를 확대하는 다점포 전략을 추진, 총 12개 점포를 출점시켰다. 식민지였던 조선의 경성과 만주의 대련에도 이러한 다점포화의 일환으로 대형점포의 출점이 진행된 것이었다.

국내 최초의 백화점이 일본인의 손으로 이루어졌다는 것이 유감스럽긴 하지만, 어쨌든 미츠코시 경성지점이 국내 최초의 백화점인 것은 명백하다. 미츠코시 경성지점은 만주의 대련지점과 함께 미츠코시가 식민지에 세운 직영점의 하나로, 1930

년대 말부터 해방이 되기까지 전 미츠코시 지점망 가운데 매우 중요한 점포로 군림하였다.

1980년대에 일본인으로서 신세계 본점장을 지낸 바 있는 오쿠보(大久保 孝)씨가 『한국의 유통산업』에서 회고한 것처럼 "도쿄에 있는 미츠코시 니혼바시 본점을 축소해 놓은 것 같은 건물"이 '신세계'라는 명맥으로 유지되면서, 아직도 우리나라 백화점 역사를 견인하고 있다고 해도 과언이 아니다.

한국인 최초의 백화점 '화신상회'

1930년대에 들어서면서 내한하는 일본인들의 수가 급격히 증가하면서 미츠코시를 비롯한 일본계 소매상 및 종합상사가 경성에서 활발하게 활동하며 국내 상업을 잠식해 갔다. 이러한 상황에서 당시 상민으로서 평안도 용강에서 인쇄소를 하다가 20대에 상경한 박흥식은 종로 2가에서 금은방 영업을 하던 '화신상회'를 인수해서 1931년에 확장 후 다시 오픈하였다. 당시 오픈한 주식회사 화신상회는 비록 그 규모가 작고 상품 구성이 취약했지만, '한국인의 손에 의해 개설된 백화점의 효시'라는 데 의의가 있다. 한때 화신의 인접지에 같은 한국인 최남에 의해 동아백화점이 설립되었으나, 오래 존속하지 못하였다. 화신상회는 1934년 화재로 건물이 전소하는 비운을 맞이하였으나, 그 이듬해에 박길룡의 설계와 시미즈 구미(淸水組)의 시공에 의해 현대식 건물을 신축하여 명칭도 '화신'으로 바꾸었다. 신축건물의 규모는 대지 1,073㎡에 지하 1층, 지상 6층으로 연건평 6,710㎡의 근대 르네상스 양식을 취하였다.

이때부터 화신은 본격적인 백화점을 지향하게 되는데, 규모 면에서는 미츠코시 경성지점보다는 약간 작았지만, 경영 측면에서는 미츠코시에 뒤지지 않았다. 박흥식은 '화신' 이외에 화신무역주식회사, 화신연쇄점, 대동흥업을 운영하였는데, 1939년 4월에 '기업 정비령'에 근거해 이들을 통합하여, 자본금 800만 원의 대형 백화점으로 등장했고 박흥식 자신도 '조선백화점상업조합'의 회장직을 맡게 된다.

한편 미츠코시와 화신 이외에도 당시 경성에는 '조선백화점상업조합'에 편입된 일본계 백화점이 3개나 더 존재하고 있었다. 일본인 상점가인 충무로에서 양복점을 경영하던 고바야시(小林門中)가 1921년에 설립한 초지야(丁子屋)가 그중 하나이다. 초지야는 1939년 100만 원이던 자본금을 250만 원으로 증자하면서 남대문로 2가 123번지에 현대식 대형 백화점을 신축, 본격적인 백화점 경영에 들어갔다(지금의 명동 '롯데 영플라자' 자리임). 그리고 1922년에 기모노점을 경영하던 나카에(中江勝治郞)라는 일본 상인이 같은 충무로 1가 45번지에 미나카이(三中井) 백화점을 설립하여, 1932년에 현대식 대형점을 신축하였다. 자본금이 300만 원이었으므로, 초지야보다 경영규모가 컸다.

더구나 주목할 만한 것은 미나카이 백화점이 부산, 대구, 평양, 원산, 목포, 함흥, 군산, 대전, 진주, 흥남, 광주, 청진 등

전국 주요 도시에 지점을 설립했다는 점이다. 이는 백화점을 전국적인 규모로 확장, 연쇄점화 하는 새로운 운영방식을 도입하였다는 점에서 주목할 만하다. 나머지 백화점은 히라다 (平田) 백화점으로 1926년에 충무로 1가 51번지에 설립되었다. 자본금은 20만 원에 지나지 않았으나, 충무로 일대에서는 영향력이 큰 백화점으로 성장하였다. 이렇듯 일본인 상점가라는 남대문, 충무로 일대의 미츠코시 경성지점, 초지야, 미나카이, 히라다 등 일본계 백화점과 종로 2가의 민족계 백화점 '화신'이 경성 도심을 양분화하면서 발전하는 과정에서, 경성시민들은 '백화점'이라는 도시 상업시설의 관람성과 유희성에 대해 눈을 뜨게 되었다. 이렇게 일제하에 싹을 틔운 국내의 백화점은 해방과 6·25라는 급격한 혼란기를 겪으면서 쇠퇴했다가, 1960년대에 근대화 과정의 한 부분으로 흡수되어 재편성되기에 이른다.

'미츠코시'가 '신세계'로

미츠코시 경성지점은 해방 후 급변하는 시대상황에 따라 관리인이나 주인이 계속 바뀌는 비운을 맞게 되었다. 1945년 9월, 미군의 적산 관리능력 소홀로 미츠코시에 의해 임명된 한국인 관리인 김계조는 백화점 명칭을 '동화백화점'으로 변경하였으나, 미츠코시 체제를 그대로 유지하면서 운영을 하였다. 그 후 미군에 의해 적산으로 처리된 미츠코시는 1945년

12월 25일 미군을 통해 이두철에게 양도되었다가, 1949년 5월부로 강일매에게 관리권이 넘어간다. 이처럼 지지부진한 운영권 싸움 끝에 '신세계'라는 이름으로 이 땅에 새롭게 등장하게 되는 시점은 1963년 7월, 삼성이 동방생명을 인수하면서부터이다.

한국전쟁 이후 미군의 PX로 전락한 동화백화점을 정식으로 인수한 이는 강일매의 동생인 강희원이었다. 그는 1950년대 중반부터 1960년대 초에 걸쳐 동화백화점의 전성기를 이끌었으나, 4·19 이후 정부의 외래품 판매금지로 인해 다시 쇠퇴일로에 들어서게 되었다. 이때 강희원에게 동화를 인수한 기업이 다름 아닌 동방생명이었다. 동방생명은 당시 삼성그룹의 계열사가 아니었다. 동방생명이 삼성으로 편입되는 것은 앞서 지적한 대로 1963년 7월이다. 동화를 인수한 지 약 10개월 만의 일이었다. 1945년부터 1963년에 이르기까지 18년 동안, 온갖 어려움 속에서 유지되어 오던 '동화백화점'이라는 명칭은 '신세계'의 등장으로 이 땅에서 영원히 사라지게 되었다.

시류는 여류

남자를 보게 되면, 먼저 적이라고 생각하라

국내 어느 백화점이든 그곳에 들어서면서 느끼는 인상은 '백화점에는 여성이 훨씬 많다'는 것이다. 백화점을 찾는 고객도 그렇고, 판매사원도 역시 그렇다. 대부분의 국내 백화점은 그 조직구성상 관리부문과 시설, 관재부문을 제외하고는 거의 여사원들로 구성되어 있다. 전통적으로 여성을 외부에 내놓지 않던 것이 우리나라 가정이었는데, 이러한 통념을 넘어서 백화점에 여사원이 등장하는 시점은 언제쯤일까?

백화점 역사가 그리 길지 않은 국내에서 백화점 여사원이 최초로 등장한 기록은 1932년 동아백화점이다. 그들의 이름은 거론되지 않지만, 동아백화점의 최남 사장이 화신백화점과 차별화를 위해 미모의 여사원들을 고용했다고 한다. 이름하여 '백화점 걸'이 탄생한 것이다. 국내에서 백화점 걸의 고용은 처음부터 미모를 바탕으로 하는 판매촉진의 일환으로 시작되었다. 한때 "장안의 미인은 비행기와 백화점 안에 모여 있다"는 이야기가 돌던 시기도 있었다.

한편 지금처럼 여사원이 백화점의 대부분을 담당하는 구조가 만들어진 것은 1960년대 후반이다. 신세계가 직영체제를 갖추는 시점에서 여사원의 비중이 높아지고 이 시스템이 더욱 체계화되었다. 이전에는 '백화점 여직원' 하면 으레 엘리베이터를 떠올리곤 했는데, 그 이유는 국내에 엘리베이터를 갖춘 건물이 백화점 이외에는 거의 없었기 때문이다. 어쨌든, 1932년 동아백화점이 모방한 일본 백화점의 여성 사원은 언제 처음으로 등장했는가를 살펴보자.

일본 백화점에 제1호 백화점 걸이 등장한 것은 1903년으로, 미츠코시 근대화의 지도자인 히비 오노스케(日比翁助)에 의해 시행되었다. 1903년에 '나카무라 기사(中村きさ)'가 미츠이 기모노점(미츠코시의 전신)에 입사한 것이 시초이다. 백화점 걸 제1호가 탄생한 배경으로는, 일단 시험적으로 여성을 채용해본 결과, 고객의 반응이 좋았다는 점이 크게 작용했다. 경영자 입장에서는 여성이 일하기 적당한 부문에 여성 직원을 고용함으로써 상대적으로 인건비가 비싼 남성 직원에 대체시킨다는 측면이 있었다. 당시 백화점의 남성 직원들은 어린 꼬마시절

(小僧이라 부름)부터 긴 시간을 들여 양성되다가도 20세가 되면 징병을 당했다. 따라서 백화점은 이들을 3년간이나 군대에 빼앗기는 셈이었는데, 이 3년 동안의 공백은 백화점으로 볼 때 커다란 손실이었다. 그러나 여성에게는 이러한 로스가 없으므로 백화점이 여성을 적극적으로 채용하는 계기가 된 것이다.

나카무라 기사가 직업여성으로서 첫발을 내디딘 것은 22세 때였다. 시집도 안 간 처녀가 '사람들 앞에서 얼굴을 내미는 직업'을 택했다고 부친과 친척들이 완강히 반대를 했지만, 그 반대를 무릅쓰고 행한 결단이었다. 그녀가 미츠이 기모노점에 입사하던 날, 시대를 앞서 살던 진보파 중의 진보파인 히비 오노스케 중역도 그녀에게 "남자를 보게 되면, 먼저 적이라고 생각하라"고 말했다 한다. 여성 직원의 채용은 업계에서 처음 시도하는 일이었기 때문에 매우 조심스러웠던 이유도 있었지만, 이 말은 다른 시각으로 분석할 수도 있다. 혹시라도 젊은 남녀가 연애감정에 빠지게 되어 서비스나 업무 능률에 커다란 영향을 주는 것을 사전에 방지하기 위한 말이었을 것이다.

여직원에 대한 규율은 미츠코시만의 것은 아니었다. 미츠코시의 뒤를 이어 여성을 채용하기 시작한 타 백화점에서도 이러한 형태의 격언들이 유행하게 되었다. 한 예로, 다카시마야의 경우에는 남직원이 여직원에게 말을 거는 것이 발각되면 말을 건 남직원에게 체벌이 가해졌다. 선배 직원으로부터 '구타'를 당한다든가 '취침 전까지 양 손에 양동이를 들고 있기' 혹은 '화장실 청소'를 하는 등의 벌칙이 있었다고 한다. 일반적으로 남성 200명에 여성 10명이 당시의 조직 구성이었다고 하니, 여직원의 존재감이 어느 정도였는가를 짐작할 수 있겠다. 당시 백화점 여직원들의 급료는 일급으로서 초임금은 33전(중역의 급료는 월 250~350엔 정도)이었다. 즉, 한 달을 열심히 일해야 10엔을 받을 수 있었던 것이다. 근로기준법이 있던 것도 아니었다. 근무시간은 오전 9시~오후 5시로 정해져 있었지만 잔업이 많았다. 물론 잔업수당이 있었던 것도 아니다.

한편 1920년대가 되면서 일본 백화점 매장의 직원은 대부분이 여성으로 바뀌게 된다. 오늘날처럼 '백화점' 하면 으레 남성들보다 여성들의 직장이 되어버린 것이다. 나카무라 기사는 1929년에 미츠코시 신주쿠 지점의 여직원 총감독으로 발탁, 근무하게 되었다. 일본 백화점 발전사의 한가운데 살았던 그녀가 백화점 근무의 종지부를 찍은 것은 1937년이었다. 약 6천 엔의 퇴직금이 그녀의 손에 남았다(당시 커피 한 잔이 10전이었음). 그러나 35년이라는 긴 세월 동안 미츠코시 백화점 여직원들의 혼으로 존재했던 그녀의 이름 앞에는 영원히 '일본 최초의 백화점 걸'이라는 문구가 붙는다.

상대적으로 국내 최초의 백화점 걸이 누구였는가는 명확하지 않다. 기록이 부재한 소치다. 단지 기록상으로 존재하는 것은 1930년대에 들어서 백화점 여직원들의 일상과 의식구조를 파헤친 신문과 잡지뿐인데, 대부분이 열악한 노동조건과 저임금에 관한 불만으로 가득 찬 것이었다.

미츠코시의 화류계 전략

일본경제신문사에서 발행한 『나의 이력서』는 일본의 내로 라하는 경제인들의 자서전이다. 그중 마츠다 이사오(松田伊三雄) 전 미츠코시 회장의 자서전이 일제하 국내 백화점 상황에 대해 비교적 자세히 다뤄 관심을 가졌다. 그는 미츠코시 입사 이후, 경성 미츠코시에 두 차례나 근무한 적이 있는 한국통이 었다. 처음에는 경성지점 부지점장, 두 번째는 경성지점 지점 장으로 활동을 했다. 이러한 마츠다의 전력에 관심을 갖다보 니 필자는 그가 경성에서 행했던 독특한 마케팅 전략에 접근 을 할 수 있었다. 이른바 '화류계 전략'이 그것이다.

1930년대 후반, 당시 경성에는 '놀이문화'가 거의 없었다. 반면에 중국대륙 개발 과정에서 중국의 전초기지인 한반도에 는 수시로 일본인들이 왕래하던 때였다. 따라서 일본인들이 숙박시설이 잘 완비된 경성에 잠시 체류했다 가는 풍조가 생 겼다. 여기에서 자연스럽게 화류계가 발전할 수 있는 토양이 생성된 것이다. 게다가 일본 본토는 태평양전쟁 준비를 위한 전시경제체제에 편입되어 있어서, 국민들이 절약을 강요받던 시대였다. 카바레 영업이 폐쇄되고, 주류며 담배의 배급제가 시행됐을 때다. 이때 식민지의 수도인 경성이 차지하는 위치 는 대단한 것이었다. 통제가 없던 경성의 화류계가 당연히 사 교의 장소가 된 것이다. 마츠다는 이 점에 착안하였다. 사회의 중심이 화류계 주변으로 움직이는 점을 이용해 전략을 세운 것이다.

그는 일주일에 한 번 화류계 여성 멤버가 참여하는 패션쇼를 열었다. 미츠코시 경성지점이 화류계 조합을 초청해서 여는 공식 행사였다. 그리고 의류 신상품을 화류계 여성에게 빌려주어 입고 다니게도 했다. 일종의 데몬스트레이션인 셈이었다. 화류계 여성을 이용한 마츠다의 전략은 커다란 성공을 거두었다. 여성 모델이 없던 시대에, 예쁘게 치장한 화류계 여성들이 걸치는 신상품 의류의 전시 효과는 클 수밖에 없었다. 나름대로 유행에 앞선다는 일본인 여성 소비자층에서 즉각적으로 반응이 왔다. 그는 당시에 성공을 도와준 화류계 조합 멤버들과 귀국 후에도 정기적인 모임을 가질 정도로 화류계 전략이 성공적이었음을 강조했다. 게다가 화류계 전략의 창시자는 그가 아니라 미츠코시의 초대 경영자였던 다카하시(高橋)였음을 지적하고 있다. 다카하시는 미츠이그룹에서 미츠코시를 분리시킨 장본인이다. 결과적으로, 미츠코시는 근대적인 백화점으로 출발할 당시의 초대 경영자 다카하시로부터 최장수 경영자인 마츠다에 이르기까지, 화류계 전략을 애용한 것이었다. 흔히들 '백화점=여성의 트렌드를 읽는 사업'이라고 하는 근저에는 이러한 스토리가 존재하기 때문인가 싶다.

미인계로 패가망신한 '동아백화점'

박흥식이 ㈜화신상회를 설립한 다음 해인 1932년 1월, 화신상회의 인접지에 '동아백화점'이 개설된다. 일찍부터 종로 2가에서 '동아부인상회'를 경영하던 최남이 화신상회와 동일한 형태의 백화점을 개설한 것이다. 동아백화점이 들어선 4층 건물은 민규식에 의해 지어진 것으로, 그의 친족들이 1층에 시계포와 금은상을 차려 놓고 있었으므로, 동아백화점은 부득이 2층 이상만 임대해 사용하였다. 따라서 동아백화점은 1층 일부에 가까스로 쇼윈도를 설치하는 약점이 있었지만, 새로운 근대식 빌딩에 규모도 만만치 않았다.

동아백화점이 등장하면서 종로 상권은 한국인에 의한 양대 백화점이 자웅을 겨루는 모양이 되었다. 그렇다면 초기의 국내 백화점들은 어떤 식으로 경쟁을 했는지, 당시 양 백화점이 취한 경쟁적인 영업전략을 잠시 살펴보자.

동아백화점은 미모의 여직원을 모집하여 이들을 점두에 세워놓고 고객유치에 열을 올렸다. 국내 최초 백화점 걸의 등장이었다. 미인계로 시작한 동아백화점의 전략은 효과가 있는 듯했다. 양장에 늘씬한 몸매를 자랑하는 미인들이 던지는 화제성으로 인해 많은 손님들이 몰려들었다. 여기에 대해 화신상회는 봉사제일주의, 신용제일주의로 맞섰다. 최고의 상품을 가장 싸게 구입하여, 고객들에게 최저가격으로 판매한다는 원론적인 전략이었다. 이러한 영업전략에 따라 화신상회는 일본 오사카에 지하 1층, 지상 3층의 빌딩을 임대해 매입부를 설치하고, 각종 상품을 제조원으로부터 공장도 가격으로 직수입했다. 한편 본사에는 상품경리과를 신설하고 레지스터기를 비치하여 그날의 매출을 신속히 파악토록 하였다.

처음 몇 달간은 양대 백화점의 경쟁이 점점 심화되어 좀처럼 승부가 판가름 날 것 같지 않아서, 날이 갈수록 양사는 심한 출혈을 강요하고 있었다. 한마디로 자본과 두뇌 그리고 끈기의 싸움이었다. 그러나 극렬했던 이 백병전은 장기화되리라던 예상과 달리 불과 6개월 만에 종식되었다. 동아백화점이 백기를 든 것이었다. 동아백화점이 그토록 빨리 백기를 든 것은 몇 가지의 이유가 있어서였다. 첫째는 최남 사장의 경영방식이 주먹구구식의 비과학적인 점에 있었고, 두 번째는 미인계 전략의 실패였다. 기발한 발상이라고 시도했던 미인계의 운영에 있어서, 경영자의 감독 소홀을 틈탄 관리자가 오히려 여직원 여러 명을 농락하여 그 추행이 세간에 알려지게 된 것이다. 사건이 신문에 크게 보도되면서 사회적인 물의를 일으켜, 백화점은 신의를 잃게 되었다. 세 번째는 화신상회가 시행한, 현금교환이 가능한 '답례용 상품권증정 감사대매출'이 공전의 성황을 이루어 동아백화점을 궁지로 몰아넣었던 것이다.

결과적으로 동아백화점은 ㈜화신상회에게 상호와 상품 및 경영권 일체를 양도하였다. 따라서 화신상회와 동아백화점의 양 건물을 잇는 한국 초유의 육교가 가설되어 경성의 새로운 명물로 등장하였고, 고객들은 자유로이 양 건물을 왕래할 수 있게 되었다. 이로써 화신상회는 이름 그대로 한국인 유일의 대형백화점으로 군림하며, 평양과 진남포에 제2, 제3의 백화점을 개설하게 되었다.

입장료 없는 생활유원지

사회학자인 J. 호이징가는 인류를 호모 사피엔스Homo Sapiens (생각하는 인간)로 보기보다는 호모 루덴스Homo Ludens(놀이하는 인간)로 보는 것이 더 적절하다고 주장한다. 인류의 초기 사회부터 놀이적 성격을 띤 여가가 존재해 왔고, 인간의 생활문화 자체가 놀이적인 요소를 갖고 있기 때문이다. 그에 의하면 '생활=여가'라는 도식이 성립한다.

유럽 사회는 오래 전부터 축제(페스티벌)가 발달한 사회였기 때문에 '호모 루덴스'라는 호이징가의 논리가 쉽게 나올 수 있었다. 흔히들 인간의 놀이 취향을 가장 잘 집약한 도시적 장치를 '유원지'라고 표현한다. 역시 유럽에서 기원한 '플라자 가든'이라든가 '견본시(Fair)'나 '서커스'가 발전하면서 체계화되어 유원지로 등장하기 때문이다.

유원지는 17세기 유럽에서 발생하기 시작했다. 귀족들은 자신들끼리만 함께 즐길 수 있는 놀이를 찾아 즐겼고, 일반 시민들도 자신들만의 놀이장소를 찾았던 것이다. 김대웅의 『커피가 있는 도시 - 20세기 도시 문화여행』이나 운노 히로시(海野 弘)의 『유원도시遊園都市』에는 유원지의 성격 및 역사, 그리고 도시와 유원지의 상관관계가 제대로 드러나 있는데, 그들은 유원지를 다음과 같이 표현한다.

유원지의 기원은 17세기 유럽의 플라자 가든Plaza Garden이다. 이 플라자 가든은 화단과 분수 등으로 만들어진 정원으로, 프랑스에서 시작되어 유럽으로 퍼져나가 18세기에는 영국에서 발전했다. 영국은 일찍부터 놀이시설이 발달한 나라였기 때문에, 18세기에 들어서면서 유명한 플라자 가든이 생겨났다. 런던의 박스 홀Box Hall 등이 대표적으로, 높은 미끄럼틀과 원시적인 형태의 회전목마, 콘서트 홀을 갖추고 있었다. 모차르트도 젊은 시절에 여기서 놀면서 연주를 했다고 한다. 박스 홀은 1850년에 문을 닫지만, 같은 시기에 유럽 각지에는 플라자 가든이 속속 등장하게 된다. 근대적인 유원지는 19세기에 들어서면서 비로소 탄생했다. 1830년대에 철도역 주변에 도시가 새로이 정비되고, 철도 이용이 편리한 장소에 근대적 시설을 갖춘 대형 유원지가 들어섰다. 1843년에 조지 칼스텐슨이 오픈한 코펜하겐의 티보리Tibory 역시 근대적인 유원지의 하나였다. 지금도 연간 500만 명 이상의 입장객을 자랑하는 티보리는 당시 '루나 파크Luna Park' 등과 함께 유원지의 대명사로 불렸는데, 파리와 베를린에도 같은 이름의 유원지가 있었다. '티보리'라는 이름은 이탈리아의 티보리 정원에서 따왔다. 티보리 공원에 이어서 1850년에 개원한 빈의 '프라타'는 박스 홀 이후 유럽에서 가장 유명한 플라자 가든이었다.

근대적인 유원지는 이동 유원지라 할 수 있는 서커스 및 견본시와 함께 발달하였으며, 한편으로는 만국박람회와도 관계가 깊다. 앞서 만국박람회가 백화점에 준 영향을 밝혔는데, 만국박람회는 백화점 이외에 근대적인 유원지에도 지대한 영향을 미쳤다. 세계 각 지역에서 개최된 만국박람회는 대규모의 페스티벌이었다. 특히 개최지역에 사는 사람들에게는 일정 기간을 설정해 놓고 운영하는 이동식 유원지로 받아들여졌던 것이다. 실제로 만국박람회가 끝나면, 다양한 장치를 유원지에 파는 경우도 많았다. 프랑스의 철도기사인 페리스가 만들어 '페리스 휠Ferris Wheel'이라고 불리는 대형 관람차와 제트 코스터 등은 애초에 박람회용으로 만들어졌다가 소위 '유원지 머신의 트로이카'로 불리게 된 것들이다.

결과적으로, 만국박람회는 '백화점'과 '유원지'라는 도시적인 위락 장치를 동시에 생성시킨 것이 된다. 발명품의 전시를 상품의 판매로 이끌어 내는 백화점이라는 공간이 그렇고, 여가와 놀이의 창조라는 유원지적 집객공간이 그렇다. 이렇게 만국박람회를 매개로 등장한 백화점과 유원지는 그 후 전혀 다른 성격의 도시 시설로 발전해 왔다.

롤러코스터와 관람차의 차이 – 유원지 VS 백화점

프랑스의 사회학자인 R. 카이요와는 J. 호이징가의 '호모 루덴스'에 관한 연구를 계승하는 형태로 놀이문화에 파고들어 커다란 업적을 남겼다. 그는 놀이를 경쟁競爭, 모의模擬, 우연 偶然 혹은 운運, 현기증眩氣症의 4가지로 분류했다. 이 가운데 '현기증'이라는 카테고리를 도출해 낸 것은 R. 카이요와의 놀이문화 연구의 최대 치적이라고 일컬어진다. 그는 이 '현기증'에 대해 "일시적으로 지각의 안정성을 파괴해 명석한 의식을 관능적인 패닉 상태로 몰아버리는 것"이라고 정의하고 있다. 이 '현기증'의 즐거운 체험으로 그가 거론하는 예는 메리고라운드, 그네, 왈츠, 스키, 등산, 공중 서커스 등이다. 오늘날이라면, 스카이 다이빙이나 서핑, 디스코 등도 '현기증'의 일종으로 분류될 일이다.

한편 이 '현기증'을 상업화하여 그것을 돈 주고 체험화시켜 주는 장치가 바로 절규絶叫 머신machine이다. '절규 머신'이란 롤러코스터처럼 승객들에게 짜릿한 전율을 느끼게 하는 탑승물을 가리킨다. 순간적으로 현기증이 일어나고, 지각이 혼란해질 때 사람들은 공포심을 느낀다. 그러나 그것이 절대 안전한 현기증이라는 것을 알게 되면 공포심보다는 즐거움이 더 커진다. 순간적으로 안전한 현기증을 제공해 승객들이 "꺄악~" 하는 절규를 통해 스트레스를 해소한다는 의미에서, 절규머신은 현대적 유원지의 상징물로 정착했다.

어린이대공원이 본격적인 유원지로 국내에 등장했을 때, '88열차'의 인기는 단연 최고였다. 사람들은 평형감각을 교란시키는 단 2~3분간의 롤러코스터 탑승을 위해 장시간 줄을 서서 기다렸다. 그때까지 유원지다운 유원지가 없어서 창경원의 관람차나 회전목마로 만족했던 사람들이 롤러코스터의 짜릿함을 만끽하기에 이른 것이다. 롤러코스터의 전신이라고 할 수 있는 '스위치백 그라비티 프레져 레일웨이'라는 놀이기구가 1884년 미국의 코니아일랜드에서 등장한 이후, 약 100년이 지나 국내에도 자연농원과 서울대공원 등이 개장하면서 본격적으로 절규 머신이 도입되었다. 롤러코스터 이외의 머신으로서 해적선 바이킹에 이어 신밧드의 양탄자 등이 등장하더니 급기야는 50m 상공에서 직선으로 떨어지는 수직강하기까지 탄생하면서 절규머신은 유원지를 상징하는 대표상품이 되었다. 유원지의 키워드인 '즐거움'의 강도가 편안함(樂)에서 유쾌함(快)으로 전이된 것도, 결국 절규머신이 원인으로 작용했기 때문이다.

거꾸로 생각한다면 본격적인 유원지가 없었던 30년 전, 창경원의 관람차를 타기 위해 줄을 서던 시대의 유원지는 편안함으로서의 즐거움(樂)이 있었다. 높은 빌딩이 그리 많지 않던 당시였기 때문에, 높은 곳에 대한 동경이 관람차를 붐비게 했다. 백화점 옥상에 관람차가 등장한 것도 같은 이유에서였다. 유원지가 흔하지 않던 시대에 그나마 고층 건물이던 백화점 옥상은 도시인들의 높은 곳에 대한 동경의 장소였던 것이다.

전망 망원경이 설치되고, 관람차가 빙빙 돌게 되면서 도시를 내려다볼 수 있게 되었다. 1893년 미국의 시카고에서 개최된 만국박람회에 처음 등장한 '페리스의 전동 관람차'는 하늘에서 보는 미시간 호수의 아름다운 풍경을 선사했다. 직경 75미터의 둥근 페리스 관람차에는 36개의 칸이 있었다. 각 칸에 약 40명의 관람객이 탑승했으므로, 한 번에 1,200명이 대자연을 맛보며 즐거워했다. 상대적으로 백화점 옥상의 관람차는 모던해지는 도시의 정경을 보여주었다. 물론 시대가 변하면서 고층 빌딩군이 생기고 게임기며 유원지 관련 머신이 개발되어 백화점 옥상의 관람차는 그 기능을 상실하여 사라지게 되었지만, 동시대를 살았던 사람들의 가슴에는 아직도 아련한 추억으로 남아 있다.

유희 공간의 시작 – 백화점의 옥상공원

백화점이 유희 공간으로 인식된 것은 옥상에 설치된 유원지 때문이었다. 국내 최초의 옥상공원인 신세계 백화점 옥상공원이 설치된 것이 1972년 9월이다. 신세계는 옥상 위에 기암절벽, 폭포, 수족관, 온실, 조류코너, 통나무집, 비어가든 등을 설치해 서울 시민들에게 휴식과 오락을 제공하였다. 신세계 『사사社史』에 의하면 옥상공원은 소비자들에 대한 서비스 측면에서 운영되었으므로, 시설투자에 비해 영업은 좋지 못했다. 따라서 신세계 옥상공원은 1980년에 문을 닫고 말았다.

신세계 옥상공원 이후의 옥상시설 중에서는 현대백화점 압구정 본점의 것이 단연 돋보인다. '조각공원'으로 불리던 그곳에는 벤치가 있고, 다양한 조각이 전시되었다. 이러한 현대백화점 옥상 조각공원은 서울의 한복판에 앉아서 따뜻한 양광을 받으며 편안히 쉴 수 있도록 배려한 공간으로, 글자 그대로 도시의 오아시스적인 존재였다. 그렇다면 옥상공원의 유래는 어디일까?

유감스럽게도 옥상공원은 일본백화점의 유산이다. 일본에서 가장 먼저 현대화를 시작한 미츠코시 백화점의 '옥상정원'에서 유래하는 옥상공원의 역사를 살펴보자.

미츠코시는 1908년에 도쿄 니혼바시(日本橋) 본관을 서양풍으로 개축해 오픈했다. 니혼바시 본관은 르네상스 양식의 3층 목조 건축으로, 엔터런스 홀에 기둥을 두지 않고 천장 부분의 위를 텄는데 당시로서는 매우 색다른 건물이었다. 1층의 벽면에는 커다란 쇼윈도우(총 길이 38m)를 설치해 통행인들의 시선을 잡았다. 게다가 밤이 되면 건물에 일루미네이션 전등이 들어와 불야성을 이루었고, 신관 앞 광장은 미츠코시가 제공하는 활동사진을 보기 위해 도쿄 시민들이 인산인해를 이루던 특별한 장소였다.

서양풍의 정원을 옥상에 설치하겠다는 발상은 일본 내에 서양식 문물이 소개되면서, 특히 르네상스 양식으로 백화점 건축이 대전환기를 맞으면서 생겨났다. 본관의 개축 오픈을 기회로 미츠코시는 1908년 일본 최초로 백화점 옥상에 '공중

정원'을 설치하고, 같은 해 긴자에 위치한 마츠야(松屋)도 옥상 위에 '옥상 유람소'라고 부르는 정원을 개설하게 하였다. 미츠코시의 르네상스식 건축에 자극을 받은 경쟁 백화점들은 1910년경부터 점차 모던한 고층 건축으로 시선을 돌린다. 당시 도쿄에 건축된 대표적인 근대식 백화점 건물을 보면, 마츠자카야(松坂屋) 우에노점과 시로키야(白木屋), 미츠코시 신관 등을 들 수 있다. 이 가운데 1914년 준공된 니혼바시 미츠코시 신관은 '수에즈 운하의 동쪽에서 제일가는 대건축'이라는 격찬을 받을 정도로 호화스러웠다. 화제성만으로도 미츠코시 신관 건물이 단숨에 도쿄 명소로 부각되었다. 건물의 신축과 함께 확장된 옥상정원에는 화단, 정자, 음악당, 다실 등이 만들어져 공개되었다. 게다가 미츠코시 내부 조직에 원예부가 신설되면서, 원예부가 관리하는 온실이 옥상정원에 설치되었다. "엘리베이터로 꽃구경"이라는 희한한 광고문구가 세간의 유행어가 된 것도 바로 이 시기였다.

그러나 아무리 견고한 근대식 건물일지라도 대지진을 견디지는 못했다. 미츠코시 신관을 비롯한 백화점 건물들은 관동대지진으로 심각한 타격을 입게 되었다. 신축 백화점으로서는 더욱 심한 타격이 아닐 수 없었다. 그러나 전화위복 격으로 대지진의 피해에서 벗어나 새롭게 부흥하는 1920년대 중반에 각 백화점은 고층화 경쟁을 치르게 된다. 도쿄와 오사카에서 출발한 백화점의 고층화 경쟁은 각 지방도시에도 파급되었다. 백화점의 고층화 경쟁 과정에서 모든 백화점들이 옥상에 전망

대와 유원지를 설치하였다. 높은 곳에 올라가 세상을 내려다 보고 싶은 인간 욕구에 대한 부응이었다. 당시의 신문광고가 백화점의 집객술을 증명해 주는데, 백화점은 신축과 개점을 알리면서 옥상 조망이 특별히 좋다는 광고를 실었다.

이처럼 1900년대 초에 백화점이 서양식으로 변화하면서 잉여공간이었던 옥상에 근대화의 상징인 서양식 정원이 설치되었다. 그리고 백화점이 대중화 노선을 걷게 되는 1910년대 후반에는 점포의 고층화와 함께 '전망대'라는 대중 오락시설이 옥상에 준비되었다.

일본의 옥상정원은 두 번에 걸친 백화점 건축의 변화에 의해 양성된 오락공간이었다. 그것이 국내에 소개되면서 자연스럽게 도시생활에 융화된 것이다. 고층화·거대화해가는 백화점이라는 도시시설은, 멈출 여유 없이 비대화하는 도시 대중의 욕망을 점포 안에 구성된 상품과 옥상 정원이라는 외적 오락공간을 통해 지속적으로 흡수해 갔다. 한마디로 옥상정원은 도시의 파노라마를 멋지게 보고 싶은 대중의 솔직한 욕구를 실로 솔직하게 장치화한 도시적인 유원시설이었다.

백화점에 등장하는 레스토랑

1960~1970년대 신세계, 미도파로 대별되는 우리나라 백화점 문화의 특징은 '도심부 입지'라는 점이었다. 서울, 부산, 대구 등 대도시의 도심부에 백화점을 개설하면 주변으로부터 고

객들이 유입되어 오는 전형적인 도심형 백화점 스타일이었던 것이다. 도심형 백화점은 부도심 점포에 비해 고객을 유인하는 이벤트와 시설, 상품 구색이 강해야만 했다. 도심 백화점은 그 시대에 가장 첨단적인 시설과 상품을 구비하지 않으면 안되었다. 그러다 보니 당시의 국내 소비자들은 신세계, 미도파와 같은 백화점을 가족들의 행락 장소, 이벤트 장소로 여기며 즐기는 풍조가 있었다. 옥상공원을 찾아서 놀이를 즐기거나 데이트를 즐기는 소비자들이 많았다. 당시는 가족들이 함께 즐길 만한 공원이나 외식을 할 만한 곳이 발달해 있지 않았다. 그러다 보니 가족들이 자연스럽게 행락 장소로 백화점을 찾았다. 그곳에는 옥상공원은 물론 양식을 먹을 수 있는 레스토랑까지 설치되었기 때문이다. 백화점의 레스토랑은 1971년 신세계에 설치된 까사 빠보Casa Pavo(스페인어로 '공작의 집'이라는 뜻)가 그 대표적인 곳이었다. 그 후 일본 백화점의 영향을 받은 롯데백화점이 등장하면서 국내 백화점의 레스토랑은 큰 변화를 가져온다. 다채로운 음식점을 취사선택할 수 있는 '식당가'라는 개념이 정착했기 때문이다. 그렇다면 백화점의 레스토랑 개설 역사는 어디서부터일까?

결론부터 말한다면, 백화점의 레스토랑은 일본의 시로키야 백화점에서 연유한다. 일본 소비자들 역시, 초기 백화점을 이용하던 특징 중의 하나는 백화점을 가족의 행락장소로 생각했다는 점이다. 시설적인 면에서는, 옥상정원의 어뮤즈먼트성과 백화점들이 매주, 매월마다 정기적으로 개최하는 전람회나 박람회와 같은 행사가 백화점의 성격을 가족이 함께 이용하는 장소로 규정짓게 만들었다. 백화점의 레스토랑에 대해서도 이와 같은 결론을 내릴 수 있다. 당시 일본 사회에는 가족들이 외출하여 함께 식사할 수 있는 식당이 발달해 있지 않았다. 가족의 외식을 충족시킬 장소가 필요하다는 시대적인 요청과 생활 문화의 제안이라는 컨셉을 통해 일본 백화점은 서양풍의 레스토랑을 설치하게 되었다. 또한 그 시대적인 욕구로 인해 백화점에 설치한 레스토랑이 번성할 수 있었다. 구미의 백화점 식당이 영리보다는 단순히 점심시간에 고객의 점외 유출을 방지하기 위해 간단히 설비해 놓은 경우가 많은 것에 비해, 일본이나 국내의 식당가는 영리를 목적으로 한다는 점에서 차이가 있다. 그러다 보니 규모가 커지는 것은 당연한 이치였다.

시로키야는 1903년 기모노점이던 건물을 개축하면서 목마와 시소를 갖춘 어린이 유희실을 설치했다가 다음 해에 그 일부를 할애해 식당을 개설했다. 식당이라고는 해도 당시에는 간단한 몇 가지 음식만을 갖추어 놓은 일종의 가설 식당이었다. 시로키야는 이것을 1911년에 본격적인 서양식 레스토랑으로 개수하였다. 미츠코시도 1907년에 본점에 양식당을 개설했다가 1914년 신관 완공과 함께 본격적으로 120석의 식당을 운영, 발전시킨다. 그 후 1921년에 신축한 본점 서관에 855㎡의 대형 레스토랑을 개설한다. 기록에 의하면 1930년의 미츠코시 레스토랑은 평일에 1만 명, 일요일과 공휴일에는 1만 6

천 명의 고객이 이용했을 정도로 번성했다. 그런데 재미있는 것은 고객의 니즈에 대응하는 미츠코시의 태도이다. 예를 들어 1927년의 레스토랑 메뉴에는 '어린이용 메뉴'라고 별도로 만들어진 메뉴판이 등장하고 있다는 점에 주목할 필요가 있다. 어린이가 호기심을 가질 수 있는 동화 같은 풍경이 그려진 예쁜 식기에다가 어린이의 양을 적절히 배려해, 어린이를 위한 맛을 선보이고 있다. 음식 위에 꽂아주는 만국기는 당시 어린이들의 꿈과 추억이었다고 한다. 백화점에 어린이를 데리고 오는 고객에 대한 세심한 배려가 담겨 있는 실례이다. 고객의 입장에서 생각해 보면, 가족의 추억을 만들어 주는 이 이상의 귀중한 서비스가 없을지도 모를 일이다. 실제로 이 어린이들이 자라서 자신의 추억을 모티브로 하여 그 백화점의 주요 고객이 되는 경우가 많았다. 결과적으로 보면, 초기의 일본 백화점의 식당 서비스는 단순히 영리의 단계를 넘어선, 고객에 대한 배려의 산물로 보는 것이 타당하겠다.

박물관 문화와 백화점 미술관

대부분의 국내 백화점에는 미술관이 설치되어 있다. 거의 모든 백화점이 그런 것을 보면, 무언가 이유가 있을 터이다. 백화점과 미술관의 연관성은 어디에 있는 것일까?

이 문제를 풀기 위해서는 국내 백화점의 원형인 일본 백화점과 구미 백화점의 차이를 짚어야 한다. 일본 백화점은 구미 백화점과 다르게 초기부터 생활문화를 제안했는데, 그 과정에서 백화점 조직 내에 미술부가 설치된 것이다. 그렇다면 이 '생활문화 제안'이라는 컨셉을 바탕으로 미술관, 박물관의 문화적 관점에서 백화점을 검증해 보자.

구미의 미술관 및 박물관사에서는 박물관의 기원을 기원전 3세기경 이집트 수도 알렉산드리아의 'Museion'으로 보고 있다. 궁전의 일부를 이용하여 철학자 및 정치가의 조각상, 진기한 영장류의 조각, 미술품을 모아놓고 'Museion'이라 부르며 문예 철학에 대한 연구와 교제 장소로 사용한 것이 박물관의 시초이다. 'Museion'은 4세기경 로마제국의 세계제패 후에 없어지기까지 박물관 기능을 갖고 있었다. 로마제국은 국력과 군사력의 강화에 따라 많은 미술품을 모아 장식에 쓰기 시작하였다. 초기에는 사원이나 일반 시민이 빈번히 모이는 장소에 진열을 하였으나, 점차 가정 내의 소규모 박물관으로 변화하여 소수만이 그것을 독점하였다. 중세 유럽에서는 각 사원이 박물관 구실을 하였으나, 학술적인 뒷받침보다는 흥미본위의 성격이 강하였다. 당시는 일부 귀족과 부호들의 수집이 성행하면서 박물관이 전문성을 띠기 시작했다. 인도항로와 아메리카 대륙의 발견 등으로 수집욕구 및 수준이 높아지면서 오늘날의 대형 박물관이 이때 그 기반을 마련했다. 한편 왕가의 박물관도 적지 않았고, 시민혁명에 의해 미술관도 속속 건립되었다. 영국의 대영박물관이 1759년에 완성되었고, 프랑스의 루브르 박물관은 1793년에, 미국의 메트로폴리탄 미술관은 1872년에 완성되었다. 일본에 미술관이 만들어진 시기는 1926년으로, '도쿄 도都 미술관'과 '우에노 국립미술관'이 거의 같은 시기에 건립되었다.

장황한 박물관사가 되었는데, 일본 백화점이 생활문화를 제안하는 과정에서 미술을 제안하는 배경이 여기에서 설명된다. 미국과 유럽에서는 백화점 등장 이전부터 박물관과 미술관이 개설되어 미술이 문화와 생활의 중심부에 있었다. 그러나 일본의 경우에는 미술관보다 백화점이 먼저 개설되어 도시 장치로서 작용했다. 즉, 백화점이 문화전·미술전이라는 형태로 이벤트를 개최해 소비자들에게 '취미'를 부여한 것이다. 이러한 점에서 백화점은 도시문화의 꿈을 제공했다고 할 수 있다.

같은 의미에서 일본 백화점은 출발 시점부터 이미 두 가지의 제안을 했다. 상품을 통해 구미의 선진 생활문화를 일본에 소개한 것과, 각종 문화전 및 미술전의 개최를 통해 이벤트를 도시생활에 연결시킨 것이 그것이다. 결국 1910~1920년대의 일본 문화는 '백화점'이라는 도시장치에 의해서 리드되었다고 평가할 수 있다. 당시에 등장한 '취미'라는 용어도 미츠코시의 기관지명으로부터 연유되었다는 점을 볼 때, 도시생활에 있어서 백화점의 역할이 어느 정도 컸는지를 짐작할 수 있다.

국내 백화점 미술관의 연원을 따진다면 1969년으로 거슬러 올라간다. 그해 신세계 내에 미술관이 개설되었기 때문이다. 1933년 조선총독부가 덕수궁 석조전을 미술관으로 전용해 사용한 지 36년 뒤이다. 대관전으로 일관했지만, 백화점 초기에 도시인들에게 문화와 취미를 전하려 했다. 특히 1980년대에는 백화점 미술관으로서는 드물게 「밀레와 바르비종파전」 「살바도르 달리의 보석전」 「유트릴로전」을 개최한 것은 문화사적으로도 평가받을 만한 일이다. 당시의 최대 이벤트가 덕수궁의 「국전」 정도였던 관객들에게 백화점 미술관이 세계적인 대가의 작품을 볼 수 있는 기회를 제공했다는 것은 의미가 있었다. 그러나 신세계 미술관은 삼성그룹의 호암 미술관 개관과 맞물려 거대한 지원자인 중앙일보가 이탈해 나가면서 다시 대관전으로 미술관의 명맥을 이었다.

신세계가 퇴장한 자리는 현대백화점 미술관에 의해 메워졌다. 현대백화점 미술관은 개관 초기부터 다양한 기획전을 전개하였다. 「베르나드 뷔페전」 「모딜리아니와 에콜 드 파리전」 「부르델 조각전」 「샹 콕토전」 등을 개최해 일반인은 물론 미술학도들에게도 열렬한 찬사를 받았다. 한편 역량 있는 큐레이터들에 의해 국내 미술문화의 지평이 될 만한 미술서적 『구상미술 비평』 시리즈를 펴내는 작업도 했다. 한편 현대백화점 미술관은 문화센터와 연계해서 취미로서의 미술도 다양하게 제안하였다. 이는 흔히 말하는 것처럼 백화점의 미술관 개설이 단지 고객을 끌어들이는 집객효과만을 가지는 것이 아님을 보여주는 대목이다. 이처럼 백화점은 미숙한 도시생활문화를 튼튼하게 성장시키는 인큐베이터의 역할에 충실하고 있다.

유원지 기능을 함축한 전생활관

국내에서도 역시 백화점과 유원지가 상호 이질적으로 발전해 왔다. 창경원의 대형 관람차가 상징하던 공원형 유원지는 어린이 대공원에 88열차가 등장하면서 익사이팅한 머신 주도형 유원지로 바뀌었다. 그런데 언젠가부터 유원지의 성격이 백화점으로 흡수되는 현상을 보였다. 백화점은 대형화를 통해서 유원지의 키워드인 즐거움(快 혹은 樂)과 휴식(休) 기능을 흡수해 갔다. 한마디로 말한다면, 1970년대 신세계 옥상 위에 설치되었던 옥상유원지를 '롯데월드'라는 본격적인 테마파크로 발전시킨 것이었다. 그럼, 백화점은 왜 유원지의 놀이문화를 흡수하게 되는가를 살펴보자.

1980년대 이후, 국내에는 여가에 대한 욕구가 급격히 확산되었다. 국민의 의식구조가 양적인 물적 충족 단계에서 질적인 생활의 향상 추구로 이행하면서 여가의 중요성이 높아진 것이다. 특히 주5일 근무제로 가족 단위의 여가 패턴이 정착하자 백화점이 가족지향의 활동을 강화하였다. 그 대표적인 예가 1980년대 후반부터 현대백화점이 표방한 '전생활관全生活館'이다. 'Full Life Store'로 번역되는 전생활관은 고객의 다양해진 생활 장면에 대응하는 논리로, 백화점이 고객에게 여가와 문화, 엔터테인먼트를 제공하자는 것이었다. 같은 시기에 회자되던 'One Stop Shopping'이라는 용어도 결국 동일한 컨셉인데, 현대백화점은 오픈 시점에서 미술관과 극장, 문화교실 및 각종 서비스 시설을 설치하여 고객의 욕구에 부응하였다. 당시 국내 백화점에 인각되었던 '현대적 상업시설'이라는 단순 성격에서 '가면 재미있고, 일도 볼 수 있고, 생동감 있는 정보가 넘치는 상업시설'이라는 복합 성격으로 바뀌었다.

백화점은 인위적인 공간체험을 통해 고객에게 유원지성을 강조한다. 많은 사람들을 함께 모일 수 있게 하고, 함께할 시간이 없는 가족들에게는 이동할 필요 없이 그 안에서 모든 것을 해결하게 해준다. 쇼핑을 하고 식사를 하며, 영화며 연극, 회화 등을 함께 관람할 기회를 제공해 준다. 원스톱쇼핑이 보장된다는 이야기다. 백화점의 3가지 요소를 폐쇄성·보호성·완벽한 통제성이라고 말한다면, 이들 요소를 근간으로 원스톱쇼핑의 개념을 확장시켜서 커뮤니티, 오락성 그리고 사회적 실체성을 일체화시키고 있다. 백화점에 입점해 있는 테넌트에는 문과 문턱이 없다. 상품을 사지 않더라도 가벼운 마음으로 들어와 이층 저층을 왕래하면서, 상품 정보를 획득할 수 있다. 김밥을 사들고 옥상공원에 올라가 간단한 점심식사를 할 수도 있고, 커피숍에서 한담을 나누는 장소로도 이용된다. 가끔은 토크쇼와 가요제를 보는 장소가 되기도 한다.

세계적으로 가장 친절하고 깨끗하다는 '디즈니랜드'는 극장식 공간개념, 즉 스테이지(공원), 게스트(관람자), 캐스터(직원, 근무자)라는 배역을 갖고 철저히 쇼를 연출하는 것으로 유명하다. 그러나 디즈니랜드보다 더 심도 있는 극을 전개하는 곳은 백화점이다. 백화점이 제안하는 점포의 컨셉은 영화나

연극에서의 '테마'라고 할 수 있다. 백화점이라는 극의 무대 (스테이지)는 점포의 매장이다. 배우(캐스터)의 역할은 고객과 종업원이 한다. 무대장치는 다양한 상품과 서비스 시설, 인테리어 등이다. 백화점과 디즈니랜드의 극장 구성 차이는 고객 측면에 있다. 디즈니랜드가 관람자를 게스트로 분류하는 데 반해, 백화점에서는 종업원과 동일한 배우(캐스터)로 분류한다. 이것은 고객에 따라 극의 테마를 달리 가겠다는 이야기다. 할인점이 모든 고객에게 평등한 셀프 서비스인 점을 생각하면 이해가 쉬울 것이다. 그런 의미에서 디즈니랜드는 할인점의 극장 구성과도 닮았다. 백화점은 디즈니랜드에서 하고 있는 철저히 매뉴얼적인 쇼의 전개보다는, 한 등급 위에 서서 고객의 즐거움(樂)과 편안함(安)을 우선으로 하는 종업원이 함께 움직이게 한다.

그렇다면 관객은 어디에 있는가? 관객은 매장을 포함한 점포 내의 모든 사람들이다. 따라서 고객과 종업원은 배우와 관객의 입장으로 '서로가 보고 보이는' 양의적 성격을 갖는다. 백화점이 고객에게 다양한 이벤트를 제안하고, 미술관의 기획전 및 문화행사를 제안하는 것은 고객과 종업원의 양의적 성격을 충분히 이해하기 때문이다. 고객은 백화점에 입장료를 내지 않고 입장하는 관객이므로, 매장에서는 스스로 배우 역할까지 해주고 있는지도 모른다.

백화점의 문화사 근대의 탄생과 욕망의 시공간

| 펴낸날 | 초판 1쇄 2006년 8월 30일 |
| | 초판 4쇄 2014년 10월 10일 |

지은이	김인호
펴낸이	심만수
펴낸곳	(주)살림출판사
출판등록	1989년 11월 1일 제9-210호

주소	경기도 파주시 광인사길 30
전화	031-955-1350 팩스 031-624-1356
기획 · 편집	031-955-4671
홈페이지	http://www.sallimbooks.com
이메일	book@sallimbooks.com

| ISBN | 978-89-522-0548-3   04080 |

089 커피 이야기 eBook

김성윤(조선일보 기자)

커피는 일상을 영위하는 데 꼭 필요한 현대인의 생필품이 되어 버렸다. 중독성 있는 향, 마실수록 감미로운 쓴맛, 각성효과, 마음의 평화까지 제공하는 커피. 이 책에서 저자는 커피의 발견에 얽힌 이야기를 통해 그 기원을 설명한다. 커피의 문화사뿐만 아니라 커피에 대한 일반적인 정보 및 오해에 대해서도 쉽고 재미있게 소개한다.

021 색채의 상징, 색채의 심리

박영수(테마역사문화연구원 원장)

색채의 상징을 과학적으로 설명한 책. 색채의 이면에 숨어 있는 과학적 원리를 깨우쳐 주고 색채가 인간의 심리에 어떤 작용을 하는지를 여러 가지 분야의 사례를 통해 설명한다. 저자는 색에는 나름대로의 독특한 상징이 숨어 있으며, 성격에 따라 선호하는 색채도 다르다고 말한다.

001 미국의 좌파와 우파 eBook

이주영(건국대 사학과 명예교수)

진보와 보수 세력의 변천사를 통해 미국의 정치와 사회 그리고 문화가 어떻게 형성되고 변해왔는지를 추적한 책. 건국 초기의 자유방임주의가 경제위기의 상황에서 진보-좌파 세력의 득세로 이어진 과정, 민주당과 공화당의 대립과 갈등, '제2의 미국혁명'으로 일컬어지는 극우파의 성장 배경 등이 자연스럽게 서술된다.

002 미국의 정체성 10가지 코드로 미국을 말하다 eBook

김형인(한국외대 연구교수)

개인주의, 자유의 예찬, 평등주의, 법치주의, 다문화주의, 청교도 정신, 개척 정신, 실용주의, 과학·기술에 대한 신뢰, 미래지향성과 직설적 표현 등 10가지 코드를 통해 미국인의 정체성과 신념을 추적한 책. 미국인의 가치관과 정신이 어떠한 과정을 통해서 형성되고 변천되어 왔는지를 보여 준다.

058 중국의 문화코드

강진석(한국외대 연구교수)

중국의 핵심적인 문화코드를 통해 중국인의 과거와 현재, 문명의 형성 배경과 다양한 문화 양상을 조명한 책. 이 책은 중국인의 대표적인 기질이 어떠한 역사적 맥락에서 형성되었는지 주목한다. 또한, 구체적이고 실제적인 여러 사물과 사례를 중심으로 중국인의 사유방식에 대해 설명해 주고 있다.

057 중국의 정체성 eBook

강준영(한국외대 중국어과 교수)

중국, 중국인을 우리는 과연 어떻게 이해해야 하나? 우리 겨레의 역사와 직 · 간접적으로 끊임없이 영향을 주고받은 중국, 그러면서도 아직까지 그들의 속내를 자신 있게 말할 수 없는, 한편으로는 신비스럽고, 한편으로는 종잡을 수 없는 중국인에 대한 정체성을 명쾌하게 정리한 책.

015 오리엔탈리즘의 역사 eBook

정진농(부산대 영문과 교수)

동양인에 대한 서양인의 오만한 사고와 의식에 준엄한 항의를 했던 에드워드 사이드의 오리엔탈리즘. 이 책은 에드워드 사이드의 이론 해설에 머무르지 않고 진정한 오리엔탈리즘의 출발점과 그 과정, 그리고 현재와 미래의 조망까지 아우른다. 또한 오리엔탈리즘이 사이드가 발굴해 낸 새로운 개념이 결코 아님을 역설한다.

186 일본의 정체성 eBook

김필동(세명대 일어일문학과 교수)

일본인의 의식세계와 오늘의 일본을 만든 정신과 문화 등을 소개한 책. 일본인을 지배하는 이데올로기는 무엇이고 어떤 특징을 가지는지, 일본을 주목해야 하는 이유는 무엇인지 등이 서술된다. 일본인 행동양식의 특징과 토착적인 사상, 일본사회의 문화적 전통의 실체에 대한 분석을 통해 일본의 정체성을 체계적으로 살펴보고 있다.

261 노블레스 오블리주 세상을 비추는 기부의 역사

예종석(한양대 경영학과 교수)

프랑스어로 '높은 사회적 신분에 상응하는 도덕적 의무'를 뜻하는 노블레스 오블리주. 고대 그리스부터 현대까지 이어지고 있는 노블레스 오블리주의 역사 및 미국과 우리나라의 기부 문화를 살펴보고, 새로운 시대정신으로 노블레스 오블리주를 부활시킬 수 있는 가능성을 모색해 본다.

396 치명적인 금융위기, 왜 유독 대한민국인가　eBook

오형규(한국경제신문 논설위원)

이 책은 전 세계적인 금융 리스크의 증가 현상을 살펴보는 동시에 유달리 위기에 취약한 대한민국 경제의 문제를 진단한다. 금융안정망 구축 방안과 같은 실용적인 경제정책에서부터 개개인이 기억해야 할 대비법까지 제시해 주는 이 책을 통해 현대사회의 뉴노멀이 되어 버린 금융위기에서 살아남는 방법을 확인해 보자.

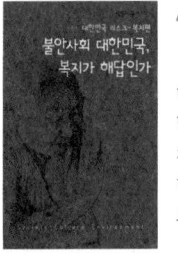

400 불안사회 대한민국, 복지가 해답인가　eBook

신광영 (중앙대 사회학과 교수)

대한민국 사회의 미래를 위해서 복지는 선택이 아니라 필수라고 말하는 책. 이를 위해 경제 위기, 사회해체, 저출산 고령화, 공동체 붕괴 등 불안사회 대한민국이 안고 있는 수많은 리스크를 진단한다. 저자는 사회적 위험에 대응하기 위한 복지 제도야말로 국민 모두의 삶의 질을 높일 수 있는 길이라는 것을 역설한다.

380 기후변화 이야기　eBook

이유진(녹색연합 기후에너지 정책위원)

이 책은 기후변화라는 위기의 시대를 살면서 우리가 알아야 할 기본지식을 소개한다. 저자는 기후변화와 관련된 핵심 쟁점들을 모두 정리하는 동시에 우리가 행동해야 할 실천적인 대안을 제시한다. 이를 통해 독자들은 기후변화 시대를 사는 우리가 무엇을 해야 할 것인지에 대하여 생각해 볼 수 있을 것이다.

eBook 표시가 되어있는 도서는 전자책으로 구매가 가능합니다.

㈜살림출판사
www.sallimbooks.com
주소 경기도 파주시 문발동 522-1 | 전화 031-955-1350 | 팩스 031-955-1355